SV

Sonderdruck
edition suhrkamp

Gedichte – im Sinne von kurzen, nur handtellergroßen Sprachstük-ken – und Kurzgeschichten lägen ihm nicht, hat Uwe Tellkamp ge-sagt, die zeigten nur einen Weltausschnitt statt der Totalen, auf die es ankomme. Ihn interessiere das Epische, »das Weltumgreifende, der Roman als Kapsel, als Botanisiertrommel der vergangenen Zeit«. Nach dem Erscheinen seines monumentalen Romans *Der Turm* mutmaßten die Feuilletons über die literarischen Gewährs-leute Tellkamps, man brachte Gottfried Keller, Thomas Mann und Heimito von Doderer ins Spiel. In seiner Leipziger Poetik-vorlesung von 2008 gibt er selbst ausführlich Auskunft über sein poetologisches Programm.

Uwe Tellkamp, geboren 1968 in Dresden, arbeitete nach dem Studium in Leipzig, New York und Dresden als Arzt. Heute lebt er als Schriftsteller in Freiburg. 2004 gewann er den Ingeborg-Bachmann-Preis, 2005 erschien sein Roman *Der Eisvogel*. Für *Der Turm* (2008) erhielt er den Uwe-Johnson-Preis und den Deut-schen Buchpreis 2008.

Uwe Tellkamp
Die Sandwirtschaft

Anmerkungen zu Schrift und Zeit

Leipziger Poetikvorlesung

Suhrkamp

Die Leipziger Poetikvorlesungen »Schreibweisen
der Gegenwart« sind eine Gemeinschaftsveranstaltung
des Deutschen Literaturinstituts Leipzig und der
Kulturstiftung des Freistaates Sachsen.

edition suhrkamp
Sonderdruck
Erste Auflage 2009
© Suhrkamp Verlag Frankfurt am Main 2009
Originalausgabe
Druck: Druckhaus Nomos, Sinzheim
Umschlag gestaltet nach einem Konzept
von Willy Fleckhaus: Rolf Staudt
Printed in Germany
ISBN 978-3-518-06999-8

1 2 3 4 5 6 – 14 13 12 11 10 09

Die Sandwirtschaft

für Michael Braun
für Norbert Wehr
für Volker Sielaff
und Hermann Wallmann

Vorwort

Es ist immer wieder eine Herausforderung, ein Paradox, eine Unmöglichkeit, ein so zwiespältiges wie neugierig machendes Unternehmen: die Poetikvorlesung. Wen die gewiß nicht unehrenvolle Anfrage ereilt, über sein eigenes Schreiben einige Auskunft zu erteilen, der sieht sich vor eine gern unterschätzte Aufgabe gestellt, einmal ein gründliches Gespräch mit sich selbst zu führen. Der Autor mag diese Zumutung auf die leichte Schulter nehmen, oder er mag sich herausgefordert fühlen, großflächig aufzuräumen, porentief rein zu machen. Ist er im ersten Fall davon überzeugt, zu jeder Tages- und Nachtzeit über sich im Bilde zu sein und diesem Selbstbild auch druckreif Ausdruck verleihen zu können, so ist er im zweiten Fall möglicherweise so voller Skrupel, daß er nicht weiß, wie er die anstehende Inventur beginnen soll. Der niemals begonnene Beginn – und doch ist man immer schon mittendrin. Günstigenfalls ist es dem sich solchermaßen versuchsweise selbst begegnenden Autor nur eben, als wenn er einmal laut mit sich sprechen könnte, was ihm Lust und Pein gleichermaßen sein kann und im Resultat Zeugnis dafür, zwischen sich als Autor und Poetologe vielleicht doch noch Gleichgesinntheit hergestellt zu haben.

Der Autor ist sein eigener blinder Fleck – beobachten kann auch er eben nur, was sich beobachten läßt.

Er ist sich selbst der Unterschied, den er nicht weiter unterscheiden kann, spricht er, wie es hier geschieht, poetologisch über sich selbst. Der Autor kann sich als blinden Fleck, den er nicht beobachten kann, nur verschieben – aber wohin? Zu einem anderen Beobachter? Wer soll das sein? Der andere Beobachter sollte doch er selbst sein. Wie aber wäre das möglich?

Gewinnt man für ein solches Unternehmen einen so hoch reflektierten Schriftsteller wie Uwe Tellkamp, kann von einem gelingenden Scheitern der paradoxen Herausforderung einer Poetikdozentur gesprochen werden, die den Autor als Kronzeugen seiner selbst auf den Plan ruft. Auf fruchtbare Art und Weise stellt sich Uwe Tellkamp dem Dilemma der geradezu geforderten Grenzüberschreitung, sich aufzuspalten in einen selbstbefragenden Poetologen und einen Rede und Antwort stehenden Autor.

Kann ein Schriftsteller sich selbst gegenüber ehrlich sein? Gibt es eine Gradation, eine quantitative Abstufung von Ehrlichkeit? Welche Seite von sich, welche poetologischen Aspekte beleuchtet der Autor, welche rückt er ins Rampenlicht? Wo will er der Rezeption, nicht zuletzt der Kritik auf die Sprünge helfen, welche Scharte sähe er gerne ausgewetzt? Versucht er, der eigenen Person gegenüber eine möglichst neutrale Position einzunehmen, um den Anschein eines sachlichen Zugriffs auf sich selbst zu wahren? Oder ergreift er die Gelegenheit beim Schopf, endlich einmal radikal subjektiv vom Leder zu ziehen, was das Zeug hält? Gilt dem Autor eine Poetikvorlesung selbst bereits wieder als fiktionale Gattung, die bewußte Unzuverlässigkeiten des Erzählers geradezu billigend in Kauf nimmt? Dann wäre an ihr zumindest der Grad an Selbstinszenierung und -stilisierung abzulesen, und der Zuhörer bzw. Leser mag seinen voyeuristischen Spaß haben.

Oder ist er peinlich darauf bedacht, nicht zu viel zu verraten, möglichst gar nichts, nur ja keinen Fehler zu machen – dann erleben wir möglicherweise die rhetorisch leer laufende Vereinsrede eines Sachwalters und Kassenwartes seiner selbst, die unbestreitbar geistvoll ist: voller Krämergeist. Zwischen diesen beiden Positionen tut sich ein Graben auf, den jeder Autor, der sich in den Ring einer Poetikvorlesung begibt, nötigenfalls mit Einsatz seines Körpers überbrücken muß, eine Zerreißprobe.

Für das Deutsche Literaturinstitut Leipzig
Michael Lentz

Für die Kulturstiftung des Freistaates Sachsen
Ralph Lindner

II

Sand: das Element der Uhren. Schrift mißt die Zeit mit den Zeigern ihrer Worte. Sand, auf den unsere Häuser gebaut sind; der durch die Finger rinnt oder in den Spiegeln, vor denen eine Marschallin wartet, erstarrt, nachts. Sand am Meer, Muscheln, Hühnergötter und Tang; wir kennen die Ordnung nicht, zu der es sich fügt. Es? Das Unnennbare, unbestimmt bezeichnet, Schiffe und Logbücher kreisen es ein, seit Jahrtausenden schon, und noch immer gibt es keine Fotografie, nur Skizzen seines Blicks, den wir spüren, der uns nicht losläßt, weil er sagt: Etwas war, und ist nun nicht mehr. Und das begreifen wir nicht. Flugsand ist heitere Melancholie, wie Sommerstunden, in denen Jahre vorüberziehen. Stein, Ton und Sand: diese drei Formen unterscheiden die Geologen. Sand: ein Verwitterungsprodukt aus Steinen, manchmal enthält er Magneteisenerz, Zinnstein und, in seltenen Fällen, Goldstaub. Merkwürdigerweise gibt es bei Sandkörnern kaum einen Größenunterschied (1,6 bis 2 mm); der mittlere Durchmesser beträgt 1,8 mm, gleich, ob der Sand aus der Sahara oder aus der Wüste Gobi stammt. Durch Wind- und Wasserströmungen entstehen Wirbel. Der kleinste Durchmesser solcher Stromwirbel entspricht dem Durchmesser eines Sandkorns. Der Sand wird aus dem Boden herausgezogen, im rechten Winkel zu dem Wirbelstrom. Hat der Boden wenig Kohäsion, dann wird der Sand durch leichte Winde, die weder Ton noch Steinchen tragen könnten, in die Luft gesogen. Der fließende Sand. Sand ruht nie. Wüste, als die der Alltag manchmal erscheint, und dann die Oasen des Anderen Blicks, der den Tag in ein Vorher und ein Nachher trennt; die Nachtfalterberührung Liebe.

[DIE KUNST DER MUSSE]

Unser Lehrer hatte zu sich nach Hause gebeten und wollte vor den die Medizin betreffenden Fragen, zu denen die Nofretete auf dem Regal schweigen würde, etwas zur Kunst der Muße wissen. Er war nervös, stand alle Augenblicke auf, lief im Wohnzimmer hin und her, das mir Eindruck machte: eins der selten gewordenen, wenngleich typischen Leipziger Humanistengehäuse mit Büchern bis an die Decke, gerahmten Grafiken, bequemem, kamelbraunem Kanapee und Ohrensesseln, in denen wir vier Studenten seit einigen Stunden wie auf Reißzwecken saßen. Die erste Runde der Prüfung hatte ihn nicht befriedigt. Allzu Erwartbares hätten wir geäußert: Nichtstun, schlafen, in den Urlaub fahren, am Kamin sitzen mit einem Glas Wein in der einen und einem guten Buch in der anderen Hand – das sei zwar Muße, aber nicht deren Kunst. Und er bitte, jetzt nicht ins Gegenteil zu rutschen und ihm den Workaholic aufzutischen, der statt seiner Firma nun seine freie Zeit manage! Er wies auf das kleine Chamäleon, das eben auf dem Fernseher gähnte. Die Kunst der Muße, Frau Kollegin, meine Herren Kollegen! Er bitte um brauchbare Vorschläge.

Ein Gärtner im Mittelpunkt eines japanischen Steingartens; der vollkommene Garten ist ihm geglückt, doch um wieder hinauszugelangen, müßte er ihn zerstören, versuchte Andreas.

Egon Olsen im Gefängnis bei Betrachtung des nur ihm bekannten Sonnenstrahls, scherzte ich.

Ich bin schwanger, Herr Professor, behauptete Ulrike. Aber das war wohl eher die Gunst als die Kunst der Muße. Darf ich Sie bitten, Ihre Zigarre auszumachen?

Ihr erstes Kind?

Ulrike nickte.

Merkwürdiges Examen – die Fragen aus der Medizin, für die wir hergekommen waren, stellte unser Lehrer beiläufig und anscheinend ohne tieferes Interesse. Der Beisitzer schwieg, warf hin und wieder verstohlene Blicke auf die unbehaglich langsam tackende Wanduhr, schien verwirrt zu sein wie wir.

Ich sehe einen Bogenschützen, der den Pfeil soeben auf eine lange Reise geschickt hat, auf der er keine Schildkröte einholt, philosophierte Thomas.

Als die Dämmerung anbrach, wurden nicht nur wir, sondern auch der Beisitzer in dem Maß nervöser, wie die Unruhe unseres Lehrers abnahm; er ließ die Bleistifte liegen, blieb auf seinem Stuhl; der Beisitzer servierte das Essen. Ulrike wollte telefonieren; aber als sie die Nummer gewählt hatte, meldete sich niemand.

Wie angenehm sei solch eine Plauderei, resümierte unser Lehrer. Alle seien gestorben, und endlich habe er Gesprächspartner, die nicht nach ein paar läppischen Stunden wieder gingen. Wir könnten weitere Runden halten – soviel wir wollten! Die Tür öffnete sich, ein kleiner Junge kam herein, ging zu Ulrike und grüßte Hallo Mama. Unser Lehrer legte den Stift weg, gab uns die Studienbücher zurück, wies auf den Nachthimmel. Es sei im Grunde einfach. Man müsse die Fenster vergittern, das sei alles; die ganze Kunst der Muße!

[SONDE]
Goethe.

Letzter Brief, an Humboldt: »Der Tag aber ist wirklich so absurd und konfus, daß ich mich überzeuge, meine redlichen, lange verfolgten Bemühungen um dieses seltsame Gebäu würden schlecht belohnt und an den Strand getrieben, wie ein Wrack in Trümmern daliegen und von dem Dünenschutt der Stunden zunächst überschüttet werden. Verwirrende Lehre zu verwirrtem Handel waltet über die Welt, und ich habe nichts angelegentlicher zu tun als dasjenige, was an mir ist und geblieben ist, wo möglich zu steigern und meine Eigentümlichkeiten zu kohobieren, wie Sie es, würdiger Freund, auf Ihrer Burg ja auch bewerkstelligen.« (17.3.1832)

Ist Goethe ein guter Lyriker? Bewußt vermeide ich hier das Wort Dichter, denn Dichter kann man auch in Prosa, in Briefen wie dem an Humboldt oder in Theaterstücken sein. Also: Ist Goethe ein guter Lyriker? Er ist ein Klassiker! werden die Philologen womöglich zürnen. Also unantastbar? Heute, in einer Zeit grundlegender Prüfungen, die vor keinem Kanon haltmachen (ob aus Ignoranz oder Unbekümmertheit, sei dahingestellt), ist nichts mehr unantastbar. Kammermusik, die die Musik der Musik ist, hat sich in Refugien zurückgezogen, klassische Musik generell erscheint als musealer, weitgehend abgeschlos-

sener Bau, dem neue Komponisten Dissonanz, Qual
und Zerrissenheit, aber kaum vitale, melodische Erfindung mehr hinzusetzen. Klassische Musik spricht
nicht mehr jung, das »Komm! Ins Offene« Schumann-
scher Reverien und Gartenseligkeiten ist nicht mehr
Spiegel heutiger emotioneller Landschaften. Fern hallt
das zu uns herüber, wie eine schöne, aber längst fremd
gewordene Sprache, die am Strand unserer Tage aus-
rollt und deren Land-Zungen noch verständlich sind,
noch. Unsere Zeit ist treibender, narkotischer, splitt-
riger und um Dimensionen schneller als die Postkut-
schen- und Sütterlinbriefzeit der Klassiker. Musik, die
den Rhythmus einfängt und so das Gefühlsbild unserer Gegenwart malt, schallt heute als House, Hip
Hop, Techno, Breakbeat, Drum 'n' Bass, Electronic
Music, Acid Jazz, Bootlegging oder Freestyle aus den
Clubs und von den Dancefloors. Lyrik und Musik
sind Schwestern, denn Lyrik ist Musizieren mit Worten. Im Versuch, die Frage zu beantworten, was Lyrik
heute ist und leisten kann, lese ich, ein Autor, der zu
Beginn des 21. Jahrhunderts schreibt, die Klassiker
wieder. Goethe ist mir kein Fremder, durch Herkunft
und Bildung bin ich mit ihm aufgewachsen. Die Tren-
nung in den »Augenblicks-« und den »Unendlichen«
Goethe, die ich hier vornehmen möchte, obwohl ich
weiß, wie problematisch eine solche Kategorisierung
dieses letztlich Unkategorisierbaren ist, habe ich, für
mich, recht früh vorgenommen, um mit begrifflicher

Schärfe bestimmte Bruchzonen aus seinem Werk herauszupräparieren. Der Augenblicksgoethe ist der für mich lebendig gebliebene Romantiker Goethe, der frühe der Sesenheimer Lieder etwa, der um den Tod seiner Schwester Trauernde (»Alles geben die Götter, die unendlichen« …), der die Höhen und Tiefen des Liebens zu fassen Suchende, der oft ausgelassene, von Schiller sportlich herausgeforderte Goethe der »Xenien« und mancher Balladen, der Hatem-Goethe des »Divans« mit seinen still-intimen Zwiesprachen, der Goethe der »Marienbader Elegie« und jener Perle aus den »Chinesisch-Deutschen Jahres- und Tageszeiten«, deren erste Strophe »Weiß wie Lilien, reine Kerzen, / Sternen gleich, bescheidner Beugung, / Leuchtet aus dem Mittelherzen / Rot gesäumt, die Glut der Neigung« ich als Kommandant eines Schlepperpanzers vor mich hinmurmelte, während einer Elbdurchquerung nachts bei Torgau, als uns Insassen die Brühe bis an den Hals und die Temperatur in dem auf dem Flußgrund vorankriechenden Panzer bis auf Saunahöhe stieg. Der Augenblicksgoethe hat »Willkommen und Abschied« geschrieben, »An den Mond«, »Wandrers Nachtlied«, »Selige Sehnsucht«, »Dämmrung senkte sich von oben« und, dies nur als verkürztes Beispiel, »Was soll ich nun vom Wiedersehen hoffen, / von dieses Tages noch geschloßner Blüte?«. Er fragt es in den ersten Zeilen der »Marienbader Elegie«. Der Augenblicksgoethe ist der, der sich um die Universalien

nicht schert, was bedeutet, daß er sie nicht explizit
zum Thema seines Gedichts macht. Er dichtet »bei
Gelegenheit«, versucht sie beim Schopf zu packen,
und das Interessante ist, daß er dabei oft ins Haar der
Ewigkeit greift, denn diese liebt es, der Gelegenheit
auf dem Schoß zu sitzen. »Es schlug mein Herz, ge-
schwind zu Pferde! / Es war getan fast eh gedacht. /
Der Abend wiegte schon die Erde, / Und an den Ber-
gen hing die Nacht: / Schon stand im Nebelkleid die
Eiche, / Ein aufgetürmter Riese, da, / Wo Finsternis
aus dem Gesträuche / Mit hundert schwarzen Augen sah. // Der Mond von einem Wolkenhügel / Sah
kläglich aus dem Duft hervor, / Die Winde schwangen
leise Flügel, / Umsausten schauerlich mein Ohr; / Die
Nacht schuf tausend Ungeheuer, / Doch frisch und
fröhlich war mein Mut: / In meinen Adern welches
Feuer! / In meinem Herzen welche Glut!«

An diesen Zeilen habe ich, als ich sechzehn war,
zum ersten Mal eine Ahnung davon bekommen, was
das ist: Lyrik. Da ging es durch mich wie »rosenfarb-
nes Frühlingswetter«, das für den Dichter das Gesicht
der geliebten Frau umgibt, die ihm »mit nassem Blick«
nachsehen wird, denn »Ich ging, du standst und sahst
zur Erden«. Welche Jugend, welche Frische weht aus
diesem Gedicht, eine Atemlosigkeit des Wechsels,
Wetterleuchten und Ruhe, Überschlag der Schaukel,
zärtlich gereimte Brutalitäten (»In *deinen* Küssen
welche Wonne! / In *deinem* Auge welcher Schmerz!«

Heute heißt es: Baby, wir hatten 'ne schöne Nacht, aber jetzt muß ich Zigaretten holen), Farbentusch, Standpauke, Wolkenkuckuck und jauchzende Umarmung, mit einem Wort: Verliebtheit. Woher weiß ich, daß es eine warme Nacht ist, trotz des »Nebelkleids« der Eiche, das sie bei kühlerer Witterung trägt? »Der Abend wiegte schon die Erde«, er »wiegte« sie, nicht »er brach herein«, oder »es dämmerte«, er wiegte sie, so wie es nur in warmen Nächten ist; natürlich irrlichtert auch schon erotische Vorfreude, und dabei wird's immer wärmer. Dann gibt es den ersten Blitz im Gedicht: »Schon« stand »im Nebelkleid« die Eiche – »im Nebelkleid« suggeriert etwas Zögerndes, Melancholisches, die Welt ist im Nebel nicht schnell, aber »schon« stand »im Nebelkleid die Eiche, / Ein aufgetürmter Riese, da« – für diese Parenthese (»aufgetürmter Riese«, das ist wie Schätze scheffeln im Zeitraffer) und das nachstoßende »da«, dessen Heißsporn-Erotik John Coltrane in »A love supreme« nicht besser musiziert hat, habe ich Goethe immer geliebt; das ist zu Ende geküßt, das ist mit Husaren geritten. Und dann natürlich das unsterbliche »Wo Finsternis aus dem Gesträuche / Mit hundert schwarzen Augen sah«. Warum nicht mit tausend schwarzen Augen? Tausend Augen, eine schöne Assonanz, aber nein, das verdürbe es schon, ein Gesträuch, das tausend schwarze Augen hat, ist als Einheit, noch dazu dem Vorübersprengenden zu Pferd, nicht mehr faßbar, die Zahl entgeht

den unmittelbaren Sinnen. »Hundert« hat auch einen
Klangzauber, der hineinwischende Atemstoß von
»hun: dert« scheint die schwarzen Augen (merkwürdig, daß dieses Paradox glaubwürdig ist) erst zu öffnen, da geht eine Bewegung durchs Gebüsch, Argus
ist wachgeworden. Und immer wieder Attacke und
Lockerlassen: »Der Mond von einem Wolkenhügel /
Sah kläglich aus dem Duft« (hier lächelt schon alles)
»hervor«, »Die Winde schwangen leise Flügel, / Umsausten schauerlich mein Ohr« ... Der Augenblicksgoethe, auch wenn er erzählt und mit dem erzählerischen Element dem Gedicht etwas implantiert, das
diesem eigentlich fremd ist, wird, solange es für diese
Kunst empfängliche Menschen gibt, immer unter die
größten Lyriker zählen. Der Unendliche Goethe ist
ein großer Dichter, aber ein schlechter Lyriker. »Was
der Dichter diesem Bande / Glaubend, hoffend an-
vertraut, / Werd im Kreise deutscher Lande / Durch
des Künstlers Wirken laut. / So im Handlen, so im
Sprechen / Liebevoll verkünd es weit: / Alle menschlichen Gebrechen / Sühnet reine Menschlichkeit.«
Hier nicken die Studienräte. Haken am Heftrand!
Wie wahr, wie weise hat unser Klassiker wieder einmal gesprochen! Welche Tiefe der Aussage (übrigens:
tatsächlich?), welch wohlgeprägtes Bonmot! Das ist
der Zitiergoethe, mit dessen Redeblumen sich Poli-
tiker, Bundestagspräsidenten beim Grundsteinlegen,
Vorstandschefs beim Firmenjubiläum (und zwar aus

einem Band »Goethe für Ungeduldige«) zu schmük-
ken pflegen. Es ist der Schulgoethe des »Edel sei der
Mensch, hilfreich und gut!«, der geadelte Goethe mit
dem Ordensstern auf der Brust, die Stütze des Staates
und der Tagesgeschäfte, der im bürgerlichen Sinne po-
sitive, der Erfolgsgoethe, der mit Kleist, jener Urkraft
der Anarchie, jenem Fanatiker einer Klarheit, die im
Gekränktsein (und das heißt: im Unglück) ihre Wurzeln hat, nichts anfangen kann, oder besser: will; der in
Beethoven-Manuskripten nur hingewühltes Chaos erkennt und … Zelter vorzieht, dem Hölderlin, der den
Alltag auf mythische Flüsse setzt, suspekt, womöglich
weil: Mahnung, ist. »Bleiben, Gehen, Gehen, Bleiben /
Sei fortan dem Tüchtgen gleich! / Wo wir Nützliches
betreiben, / Ist der werteste Bereich.« Nein. Bei allem
Respekt, aber das ist keine Lyrik, sondern gereimter
Ratschlag, heute würde man sagen: Weiterbildung im
Memo-Format, die einem Geschäftsverständnis, was
Lyrik, noch dazu gute, sei, gerecht wird, wenn ich
unter Geschäftsverständnis von Lyrik die Auffassung
rechne, daß Lyrik auf neudeutsch eine »Message« zu
vertreten habe, etwas, das sie hinter ihren Endreimen,
diesen Gedächtnishaftklebern, »eigentlich« meint.
Hier: Nutzen ist Wert. Warum aber sagt er es nicht,
sondern muß es reimen? Weil die »Message«, gereimt,
eingängiger wird?

Ich will nicht gegeneinander ausspielen, die Unter-
scheidung zwischen Lyriker und Dichter (der den Lyri-

ker in sich enthalten kann wie der Lyriker den Dichter),
und nicht zwischen gut und schlecht, die ich vorgenommen habe, wie problematisch sie auch immer ist,
möge es zeigen. Der Unendliche Goethe ist nicht nur
der der Spruchweisheiten, sondern der Faust, der mit
dem Anatomen Sömmering über Vergleichende Ana-
tomie und den Zwischenkieferknochen korrespon-
diert, Newton einen Scharlatan schilt und eine eigene
Farbenlehre zu entwickeln sich aufmacht (im Grunde
nichts anderes als der Entwicklungsroman der Natur
mit der Farbe als »Haupthelden«), der an Humboldt
schreibt, wann dieser ein schon lange von ihm, Goethe,
intendiertes Projekt, die Vermessung und Kartierung
der Erdoberfläche nämlich, fortzusetzen gedenke, es
ist der Goethe der »Metamorphose der Pflanzen« und
der Tiere, der erdgeschichtlichen Briefwechsel mit
Abraham Werner, dem Freiberger Geologen, der Goethe der Mineralien-, Genreteller-, Bücher-, Herbarien-,
Büsten-, Kupferstich-, Gemmen-, optischen und,
ja, auch das, Menschensammlungen, der Goethe der
Wetter- und Wolkenstudien, der Salinenaufsicht, Chef
der Aushebungs- und Wegebaukommission, Mitglied
des Geheimen Conseils, Minister über die Jenaische
Universität, die Bibliothek, die Zeichenschule. Es ist
der Goethe, den Thomas Mann in »Lotte in Weimar«
zu seinem Sohn August über eine adäquate Auffüh-
rung des »Faust. II. Teil« phantasieren und unver-
sehens in Bereiche kommen läßt, die auch mit allen

Multimedia- und Computeranimationskünsten wohl
(noch) nicht darstellbar sind und August zum betre-
tenen Schweigen bringen, so daß der Vater, aus den
Wolken gerissen von der Stille, nur resigniert abwin-
ken kann. Und dieser Goethe – ist er ein Poet noch,
ein Wort-Poet, ein Lyriker?

Wie ich begann. Prosa, Lyrik, handgeschriebene Briefe. Poetik?
Nein, aber: Kunst macht sichtbar, nach Paul Klee. Und ...
einkreisen, allmähliche Vergiftung: denn »etwas« muß sterben,
um »schön« zu werden.

[STARTSCHUSS – GEHT LOS!]

Tagsüber arbeitete ich in einer Klinik in Dresden-Friedrichstadt, lief durch die hallenden Jahrhundertwendeflure, schrieb Anamnesen, Befunde, Gutachten, operierte, versah den Stationsdienst und den in der Notfallambulanz. Abends, wenn ich dienstfrei hatte, setzte ich mich an den IKEA-Schreibtisch in der Anderthalbkammerhöhle mit den Dachschrägen, die ich in der Louisenstraße, in der Dresdner Neustadt, bewohnte; zweites Hinterhaus, die Durchgänge mit Szenerien aus Wagneropern bemalt, eine Brandmauer mit Fischen, die der Regen allmählich verwusch. Vorn lärmte das Café Blumenau, Studenten und die beginnende Digitalboheme (es ist zehn Jahre her, woran ich mich zu erinnern versuche) saßen auf Barhockern vor dem Café, drehten abwartend ihre Gläser, während aus dem »hardwaxx« DJs mit ihren Plattenkoffern kamen und mit der freien Hand die Abendsonne scratchten; die farbenfrohen, rastazopfigen Selbstgestrickten dem »Schwarzen Schaf e. V.« zustrebten, in dessen Fenstern man in Tontöpfen Hanf zog. Die Straßen waren rissig, in der Tal- und der Kamenzer waren die aus DDR-Zeiten aschbraunen, schrundigen Mietshäuser

noch nicht saniert, an einem Giebel verblaßte eine
FDJ-Parole, die Martin-Luther-Kirche, umgeben von
cremefarbenen Bürgerhäusern, stand schwarz und
fremd in der von Unruhe und Jugend erfüllten Neustadt. Ich schrieb, und ich wußte nicht, was es werden
würde. Ein Gedicht, so schien es mir, da die Zeilen in
brandungsatmendem Rhythmus vom Vineta des 20.
Jahrhunderts sprachen, eine fluide Schallplatte, ein-
spinnend die von überall anfliegenden Grooves; eine
Suchbewegung, die uferlos wurde, die ich nicht anzu-
halten vermochte, da etwas darin sich nicht bändigen
ließ. »der nautilus« stand auf dem Hefter (damals
schrieb ich noch alles klein, das erschien mir avantgar-
distisch und subversiv, außerdem wollte ich ja Dichtung treiben, und in der Dichtung durfte, dachte ich
mir, kein Wort größer als ein anderes geschrieben werden); »nautilus«: das Schiff und der Seefahrer, Bruder
des Jägers Gracchus, befuhr einen Unterweltsfluß, an
dessen Ufern die Utopias der Vergangenheit und Gegenwart als Hologramme wucherten. Ein Goniatit lag
als Talisman auf dem Schreibtisch, ein rostfarbener,
flachrund geschliffener Stein mit einer vielkamme-
rigen Schnecken-Spirale darin, ich hatte ihn eines
Nachmittags, müde und noch benommen von einem
anstrengenden Kliniktag, an einem Stand unter dem
Dresdner Fürstenzug gekauft, elektrisiert sofort vom
eingeprägten Gehör-Gebilde aus der Tiefsee, das
meinem Buch das zentrale Motiv und den Titel gab.

Suchbewegung, Kreisbewegung: Das Schiff reiste einer Schallplatte ins Innere, schöpfte Sprach-Musik aus diesem Labyrinth; ich lauschte und kritzelte Seite um Seite voll; mein Computer war alt und hatte nur Windows 3.1; der Bildschirm lärmte, der Text sollte lebendig zwischen Hand und Papier fließen, mein Stimmen- als Tintenkörper. Ich machte mir, während ich schrieb, keine Gedanken darüber, ob mein Text etwas taugte. Ich dachte lange nicht daran, daß man einen Text zu einem Verlag bringen und daß ein Verlag ihn eventuell veröffentlichen kann. Ich war Arzt und schrieb, weil etwas, das ich mir weder erklären konnte noch wollte, mich dazu trieb. Ich suchte keine Kontakte zu Menschen, die ebenfalls schrieben. Ich kannte keine Verlage außer den wenigen der untergegangenen DDR und einigen aus dem Westen – dem Namen nach; ich kannte nicht die mehr oder minder feinen Unterschiede ihrer Programme (und die verwirrende Ähnlichkeit ihrer Absagen im Namen des gleichgültigen Götzen PNIP: Paßt nicht ins Programm), wußte nicht, wie schwierig es war (und immer sein würde), Lyrik zu veröffentlichen; ich wußte ja lange nicht einmal, daß das, was ich da verfertigte, eine eigentlich uralte Form von Lyrik, nämlich zum Epos zu werden versuchte (bekam es in einem von – später – vielen Dutzend Ablehnungsbriefen bescheinigt: ein Mitarbeiter des Verlags Droschl verwies den »nautilus« in diese Gattung). Eines Tages hatte ich das Gefühl, daß der

Text an sein vorläufiges Ende gekommen war – und
daß mit ihm nun irgend etwas geschehen müsse. Der
Buchhändler des »LeseZeichen« in der Prießnitzstraße, dem ich ängstlich Teile des Manuskripts über-
lassen hatte und für dessen Geschmack ich viel zu gut
in der Lyrik Bescheid wußte, um nicht selbst zu schreiben, riet mir, es doch einmal im »Buchlabor«, einige
Häuser weiter, zu versuchen. Dessen Betreiber, Dirk
Fröhlich, mache bibliophil ausgestattete Bücher und
gebe außerdem eine Zeitschrift heraus, die »Spinne«.
Schon einige Dresdner Autoren habe er veröffentlicht,
interessante Sachen, kleine Auflagen natürlich. Ich
ging in die Prießnitzstraße 19 und klingelte. Das
»Buchlabor« befand sich im Hinterhaus. Ich lugte
durch ein verstaubtes Fenster, sah zehn Zehen, die aus
einer Hängematte zurücklugten und sich spielerisch
bewegten. Ich klopfte, die Zehen hielten inne, Herr
Fröhlich öffnete mir nicht. So schob ich ihm den Hefter mit dem ausgedruckten Text unter die Tür. Einige
Wochen später erhielt ich einen Brief, geschrieben in
großen, kursiven Schreibmaschinelettern. Herr Fröhlich habe einen Blick in meinen »nautilus« geworfen,
ich solle doch mal vorbeikommen. Auf mein Klopfen
bat mich Herr Fröhlich, durch das Fenster einzustei-
gen, denn die Tür sei von einem Kunstwerk blockiert.
Das Kunstwerk, an dem Herr Fröhlich noch arbeitete,
hieß »environment des schmetter:links« (der Doppelpunkt aus roter Knete) und bestand aus einem mit

durchsichtigem Kunststoff aufgefüllten Sandkasten, in den riesige Gartengeräte, diese aus grüner Knete, eingelassen waren. Herr Fröhlich fragte mich, ob er mir das »environment« schenken dürfe, da ich ihn ebenfalls beschenkt hätte, mit meinem Text nämlich, den er ganz in Rot zu drucken gedenke, um das Blut der Vergangenheit und die natürliche Farbe der Korallen (»der nautilus« ähnele einem Korallenstock) adäquat zu versinnbildlichen. Ob ich Carlos Castaneda kenne. Das müsse ich unbedingt. Auf meinem Weg ins Innere des »nautilus« müsse ich mich ganz klar von Castaneda leiten lassen, vor allem, Herr Fröhlich ging zum gutgefüllten Bücherregal und fischte eine Kiste herunter, von seinen Schriften »Der Ring der Kraft« und »Die Kunst des Pirschens«. Es sei möglich, mit anorganischen Wesen Kontakt aufzunehmen, mit ihnen zu kommunizieren, sogar, sie als persönliche Verbündete zu gewinnen. Das müsse nicht falsch sein, wenn ich zum »nautilus« würde. Mit diesen beiden Büchern, exzellent in dunkelgrünes Leinen gebunden, und ohne das »environment des schmetter:links«, das Herr Fröhlich noch einmal überarbeiten wollte, ging ich nach Hause im Glücksgefühl, jemanden gefunden zu haben, der gut fand, was ich machte, der es zu drucken und in Form eines richtigen Buchs unter die Leute zu bringen versprach. Einige Wochen später klopfte ich erneut, Herr Fröhlich rauchte Pfeife, las Hermann Hesse und bat mich, einen Brief auf seiner »Kauf-

mannsmaschine« (die mit den kursiven Lettern) abzu-
fassen. Er habe Fördergelder von der EU beantragt,
und diese seien überfällig, außerdem stünden ihm
Gelder für einen zusätzlichen Job in seinem Verlag zu,
er könne mir diese Arbeit anbieten, falls ich sie
brauchte. Die Unterlagen befänden sich neben der
Maschine; das wäre super. Außerdem, er führte mich
in ein Nebengelaß, müßten wir überlegen, ob wir den
»nautilus« nicht auf etwas ungewöhnlichere Weise
herstellten als üblich. Er habe, aus seiner Zeit als Loh-
gerber in Dippoldiswalde, tolles Leder vorrätig, vielleicht könnte ich den Text einritzen? Oder wir näh-
men das Leder als Umschlag, das sei haltbar wie das
»Beowulf«-Epos. Er habe auch noch schönes DDR-
Papier aus dem VEB Papierfabrik Weißenborn, darauf
könnten wir ebenfalls drucken, falls nötig. Aber, und
er schwenkte sein Pfeifchen, das wolle alles gute Weile
haben, ein Grundübel der neueren Zeit sei ihre Eile,
die Überstürzung der Angelegenheiten, die Zeit
brauchten und reifen müßten, wollten sie reif sein.
Denn den »nautilus« ganz in Rot zu drucken, halte er
inzwischen doch nicht mehr für eine so gute Idee, der
Leser komme immerhin abends zumeist müde von des
Tages Arbeit nach Hause, und rote Schrift entspanne
nicht. Unterdessen könnte ich doch etwas für die Zeitschrift »Spinne« schreiben, wenn ich wollte. Einige
Monate später öffnete mir ein junger Bursche, den ich
noch nie gesehen hatte, und stellte sich mir als Herrn

Fröhlichs Assistent vor. Er hieß Enrico Keydel, nannte sich Lyrico und war damit befaßt, meinem Text sein Druck-Layout zu verschaffen. Er wolle, im Einverständnis mit Herrn Fröhlich, die Garamond Nr. 5 verwenden, die sogenannte Dresden-Garamond, was seiner Meinung nach »vom Text aus gesehen voll gerechtfertigt« sei. Man werde in Tschechien drucken lassen. Wieder einige Monate später, inzwischen war es Sommer 1999 geworden, war ich nun doch sehr daran interessiert, den »nautilus« als fertiges Buch vor mir zu sehen; mein 31. Geburtstag nahte, und ich hatte noch nichts Gedrucktes vorzuweisen, mir selbst nicht und nicht denen, die mir wichtig waren. Ich rief im »Buchlabor« an, Lyrico sagte mir, daß die tschechischen Drucker in Streik getreten seien. Im Herbst 1999 begegnete ich Herrn Fröhlich in der »Blauen Fabrik«, einer Szene-Location für Lesungen und Performances; Herr Fröhlich traktierte die Gitarre und las einen selbstverfaßten Text, eine Kapitalismuskritik stegreif variiert über einen Supermarkt-Kassenzettel. Ja, unser »nautilus«! grüßte er mich. Startschuß – geht los! Einen Kopierer habe er bereits besorgt! Aber ich müsse ihm helfen, alleine schaffe er das nicht. Und so stand ich an meinem 31. Geburtstag, eine Lesung war für den 4.11.1999 bei Herrn Scholz-Nollau in der Buchhandlung »LeseZeichen« angekündigt, im »Buchlabor« und half Herrn Fröhlich beim Kopieren, während meine baldige Frau auf die Titelseiten der fertigen »nautilus«-Exemplare Spiralen malte, denn Herr Fröhlich hatte zum Prinzip, in jedes seiner Bücher »etwas Lebendiges, Handschriftliches einzuarbeiten«. Die Lesung begann später als vorgesehen; Herr Fröhlich und Lyrico hatten die Nacht und den Tag in der Widukind-Presse beim Radebeuler Grafiker Hanif Lehmann verbracht, wo »der nautilus«, ganz wie ich es mir gewünscht hatte, in meergrünes Leinen mit apricotfarbenen Vor- und Nachsatzblättern gebunden worden war. Das Buch erschien in einer Auflage von sechs Exemplaren und drei Aushängern, die ich später aufbinden ließ. Meine ehemalige Deutschlehrerin, meine Cousine und ein mir unbekanntes Studentenpaar kauften je ein Exemplar, zwei behielt ich, eines Herr Fröhlich. Die drei Aushänger verschenkte ich irgendwann. Herr Fröhlich überreichte mir den Senker eines Elefantenohrs (eine Blutblume aus der Familie der Amaryllisgewächse), dessen ungewöhnliche Blüte ich im »Buchlabor« bewundert hatte. Ich besitze es noch heute (und habe mich erst kürzlich an seiner Debüt-Blüte erfreut). In meinem ersten Buch ist, glaube ich, im Keim alles enthalten, was mich in Zukunft beschäftigen würde und wohl auch beschäftigen wird, die Vergangenheit, die in der Gegenwart nachglüht, die grundsätzliche Unsicherheit der Existenz nach dem Zusammenbruch der Utopien, die Suche des Menschen nach Sinn und Liebe; Musik und Gift.

[SONDE]
Hölderlin.

Tiefer als Goethe reicht oft Hölderlin. Dieser emp-
findsame Feuerreiter hat etwas gekannt, das Goethe,
zumindest in den Jahren, in denen auf Kritikerbörsen
Wohl und Wehe neuer Namen gewogen wird, nie
wirklich hat kennenlernen müssen: kalte Schultern.
Goethe hatte sofort Erfolg und behielt ihn lange. Der
»Werther« war, nach heutigen Maßstäben, ein »Mega-
seller«, die Erlebnislyrik des Wetzlarer Brausekopfs
bot einen völlig neuen, leidenschaftlichen Ton und
steckte das ganze lesende Europa an. Goethe war willkommen. Und Hölderlin? Traumatische Grunder-
fahrung für einen schaffenden Menschen: mit seiner
Produktion auf Reserve zu stoßen; Ablehnung, Un-
verständnis, sogar Feindseligkeit zu erfahren. Dann
werden sich die Texte ändern. Wenn sie verbittern, ist
ihr Schicksal besiegelt. Wenn die schöpferische Kraft
hinter ihnen groß genug ist auch dafür, sich um Meinung, Wert- oder Nichtwertschätzung anderer, vor
allem der vermeintlich urteilsfähigen Kollegen, nicht
zu kümmern, werden sie groß werden. Das ist bei
Kleist geschehen, einem der ganz wenigen Dichter,
von denen ich keine einzige schwache Zeile kenne (ein
zweiter ist Kafka). Seine Arbeiten sind durchweg wil-
der, verrückter, kraftvoller, packender und, wenn er es
darauf anlegt, auch komischer als die Goethes (Kleist,

Schiller, Büchner, Hauptmann: die wirklichen, das heißt: bühnenwirksamen deutschsprachigen Dramatiker, wenn man von der Musik absieht, wo sofort der Name Richard Wagner fallen muß. – Habe ich Brecht vergessen? nein, die Österreicher? ja, Curt Goetz, Hans Müller-Schlössers »Schneider Wibbel«, Franz und Paul von Schönthans »Raub der Sabinerinnen«? ja); eine Elementarkraft, deren Feuersog Goethe gespürt hat und allein aus Gründen des Selbstschutzes von sich fernhalten mußte. Lese ich Hölderlin, habe ich immer das Gefühl, einer der größten lyrischen Potenzen überhaupt entgegenzutreten, bei manchen Texten, etwa »Hälfte des Lebens« oder bestimmten Briefen Hyperions an Bellarmin, »Menons Klagen um Diotima«, habe ich das unabweisbare Empfinden, der Sprache selbst in einer ihrer Reinausprägungen zu begegnen, hier spricht kein Medium mehr, kein Autor steht mehr zwischen Urstoff und Text (und später dann dem Leser), sondern alles Subjektive ist aufgelöst ins Objektive, hier wird etwas nicht mehr vermittelt dargestellt (und damit letztlich ironisch, Ironie heißt: ein Prisma ins Licht zu schieben, das so gebrochen wird), sondern wirkt, jedenfalls auf mich, unmittelbar. Das Magnetische bei Hölderlin ist, daß seine Texte ebenfalls, wie die des Unendlichen Goethe, etwas »sagen« (im Sinne von »aussagen«), daß es aber bei diesem »Sagen« nie bleibt. Es gibt ein begleitendes Geheimnis, die Aussage des Textes, seine auf Verständnis zielende Kommunikation, ist nicht der ganze Text. »Der Nordost wehet, / Der liebste unter den Winden / Mir, weil er feurigen Geist / Und gute Fahrt verheißet den Schiffern. / Geh aber nun und grüße / Die schöne Garonne / Und die Gärten von Bordeaux / Dort, wo am scharfen Ufer / Hingehet der Steg und in den Strom / Tief fällt der Bach, darüber aber / Hinschauet ein edel Paar / Von Eichen und Silberpappeln;« (erste Strophe aus »Andenken«). Ich weiß nicht, wie es Ihnen geht, ich jedenfalls, wenn ich das lese, und noch dazu laut, bekomme Gänsehaut. Liegt es am Rhythmus – daß man bei Hölderlin nie das Gefühl hat, die Zeilen könnten anders fallen, sondern daß der Zeilenbruch genau so und nicht anders sein muß; dieser Rhythmus, der als fortwährender Auftakt den Leser/Hörer ergreift, weil er hoch einsetzt und noch steigt und mit sich nimmt, so daß man, das Gedicht rezitierend, einem großen Strom zu folgen, den Gesängen der Erde zu lauschen meint? »Der Nordost wehet, / Der liebste unter den Winden / Mir, weil er feurigen Geist / Und gute Fahrt verheißet den Schiffern.« Analysen wie die folgende mache ich ungern, denn das kommt mir vor wie einen Kuß zu rezensieren, aber hier sei es einmal darum, ich will versuchen, Musik in Worte zu fassen: »Der Nordost wehet«, Thema, vier Musiker sind zusammengekommen, kennen einander nicht, sehen nur die Instrumente, stehen auf der Bühne, das Publikum beugt sich vor, mal sehen,

mal hören, was das wird, einer beginnt (man »fängt«
nicht »an« bei gutem Jazz, man beginnt), die erste
konkrete Tonfigur aus dem Schaum der Möglichkeiten
geschöpft, und zwar so, daß man die Möglichkeiten
sofort vergißt, ja, nur das kann es sein, »Der Nordost
wehet«, Auftakt, lyrische Figur und makellose Into-
nation, jenseitig einfach wie das Saxophonspiel Char-
lie »Bird« Parkers, und dann streut der zweite Meister
seine Farbe ein, »Der liebste unter den Winden«, das
ist so hellblau wie Coltranes Musik, wenn er Naïma
eine Liebeserklärung spielt, dann, sachte Einblendung,
»Mir, weil er feurigen Geist«, das klingt nach Albert
Ayler, der sich mit den anderen nun auf die Suche nach
der ultimativen Session macht; dann führt einer die
Spannung weich und unnachahmlich, wie Fingerspit-
zen, die sich beim Sinkenlassen berühren, in eine Ruhe,
»Und gute Fahrt verheißet den Schiffern«, das könnte
Pharoah Sanders auf seinem Saxophon improvisiert
haben; aber gleich wieder Durchstoß und Wolken
»Geh nun und grüße / Die schöne Garonne«, Garonne, Garonne, gesprochen Garonn (da will etwas
weiter und darf nicht), das hat eine rhythmische Un-
bedingtheit, die mich entflammbaren Leser hinreißt,
das hat eine Schubkraft wie Packeis und einen Brems-
weg wie ein Flugzeugträger. Was Sprachmacht ist, ich
erfuhr es hier. »Geh aber nun und grüße / Die schöne
Garonne«, das murmelt man, wenn man in den Krieg
muß, wenn die Existentialien wiederkommen, das re-

zitiert man nicht bei Aldi vorm Regal mit Katzenstreu und Dosensuppen (oder doch?), das rezitiert man auf dem Totenbett, wenn alles verschwindet, nur der eine einzige, wirklich bedeutende Moment im Leben nicht. Dichtung: Aufgang der inneren Sonne. Schon, daß am Ende der Zeile »Von Eichen und Silberpappeln;« ein Semikolon steht, kein Komma, kein Punkt, kein Doppelpunkt, welche Interpunktionszeichen sämtlich den Charakter des Verses und damit des Gedichts verändern würden (man versuche es); ein Semikolon, das ich an dieser Stelle als unbezweifelbar empfinde, versetzt mich in Begeisterung und bringt mich ins Schwärmen, eine Haltung, die dem Wissenschaftler schlecht anstehen mag, aber ich bin kein Wissenschaftler, und so werden Sie mir die vielen »Empfindungen«, Gefühlsäußerungen und »Musikalien« dieses Texts nachsehen müssen; es werden noch mehr werden. Hölderlin schafft etwas aus Materien, die es »eigentlich« nicht gibt: Texte aus biegsamem Glas, mit flagranten Umrissen, Wolken unter der Lupe. Wirklich gute Anzüge, dies als Alltagseinstreuung mit Augenzwinkern, kann man daran erkennen, daß sich die Knöpfe am Ärmel öffnen lassen, man merkt es beim Tragen, am Knitterverhalten und an der Verarbeitung; man kann den Stoff unter einen Fadenzähler legen und wird sehen, was der Unterschied zwischen Garn und Garn ist; man wird die Knöpfe prüfen und sie im Kreuzstich auf Stiel per Hand festgenäht finden und nicht, wie bei asia-

tischen Genre-Etikettenschwindeln, an eine freiste-
hende Naht greifen, die man so lange problemlos auf-
ziehen kann, bis einem der daran baumelnde Knopf
lakonisch in die Handfläche springt. Hölderlin bleibt
auch nach hundertfachem Lesen knitterfrei. Legen Sie
ihn unter den Fadenzähler – und Sie werden ein Semikolon zur richtigen Zeit am richtigen Ort entdecken.
Sie werden Nähte finden, wie sie nur mediterrane
Schneiderinnen zustande bekommen, Stiche, fein und
regelmäßig wie Ameisenschritte. Aber Dichtung ist
nicht nur Klang-, Farb-, Sinnenmalerei, sie ist auch
Mechanik und Ingenieurskunst, bei Hölderlin denke
ich hier vor allem an zwei Texte: die Elegie »Brod und
Wein« und die Hexameter-Hymne »Der Archipelagus«. In »Brod und Wein«, Nummer 1, gibt es Verse,
die mich bei jeder Lektüre aufs neue entwaffnen:
»Sieh! und das Schattenbild unserer Erde, der Mond, /
Kommet geheim nun auch; die Schwärmerische, die
Nacht kommt, / Voll mit Sternen und wohl wenig bekümmert um uns, / Glänzt die Erstaunende dort, die
Fremdlingin unter den Menschen, / Über Gebirges-
höhn traurig und prächtig herauf.« Hier hat mir der
Dichter ein Stück von einem alten Wanderpokal ge-
schenkt, und wie ein kleiner Junge muß ich es immer
und immer wieder betrachten, um etwas von seinem
Zauber verstehen zu lernen, ein Bedürfnis, das ich vor
mir selbst ein ums andere Mal als sinnlos bezeichne
und mir verbieten möchte, weil den Zauber zu erklä-

ren versuchen heißt, ihn zum Verschwinden zu bringen. Wie mit Menschen, die man immer besser kennenlernt, je länger man mit ihnen lebt, weil sich immer mehr Facetten ihres Wesens zeigen, ging es mir mit diesen beiden Gedichten, etwas wandelte sich, sie waren nicht mehr nur Flirren, Szenerie, sondern wurden auch zum Mikroskop mit sehr vielen verschiedenen Okularen. Eines davon ist das theologische, »Brod und Wein«, das ist die Eucharistie, die Abendmahlsfeier mit Christi Leib in Gestalt des Brotes und Blut in Gestalt des Weins, die »wahrhaft, wirklich und wesentlich« verstandene Gegenwart des erhöhten Gottmenschen Jesus Christus, Hölderlins Text kann dann als (katholische) Konsekration, als erwirkte Gegenwart des Göttlichen gelesen werden; Hölderlin setzt sich also mit dem und durch den Text zum Priester, der die Abendmahlsfeier (in der evangelischen Kirche) beziehungsweise die Eucharistie (in der katholischen Kirche) zelebriert. Frevel? Anmaßung? Ich beginne erst jetzt, danach zu fragen. Dichter und Priester waren früheren Zeiten nicht getrennt, das »Wessobrunner Gebet«, eines der ältesten bekannten deutschen Sprachdenkmale, weist schon im Titel auf die religiöse Sphäre. Magie ist in der Vorzeitpoesie oft Sprachmagie, Alliteration, Stabreim, Beschwörungsformel; siehe die Segenssprüche (Lorscher Bienensegen, Straßburger Blutsegen, Weingartner Reisesegen), die Schriften Notker Balbulus' und des Nisters. Oft sind frühe poetische Texte im engeren Sinne Kirchentexte, siehe, zum Beispiel, die »Mariensequenz« aus dem 12. Jahrhundert mit der mich immer wieder tief ergreifenden Zeile »Ave, hell=lichter Meeres Stern / du Licht der Christenheit, Maria, aller Mägde Lucerne«; das Ezzolied aus dem 11. Jahrhundert, das mit »lux in tenebris« beginnt. Enheduanna, mit deren Gebet-Gedicht »Erhöhung der Inanna« Raoul Schrott seine Anthologie »Die Erfindung der Poesie/Gedichte aus den ersten 4000 Jahren« einleitet, war eine sumerische Priesterin. – Ein zweites Okular tastet das Verhältnis zwischen Alltag (»Brod«) und Kunst (»Wein«) ab, unter welchen Bedingungen Lebenserhöhung, »Feier« nennt es Hölderlin, möglich ist. »Warum schweigen auch sie, die alten heilgen Theater?«

Dann gibt es das Fernrohr nach Hellas, den »Archipelagus«. Welche Majestät der Sehnsucht: »Kehren die Kraniche wieder zu dir, und suchen zu deinen / Ufern wieder die Schiffe den Lauf? umatmen erwünschte / Lüfte dir die beruhigte Flut, und sonnet der Delphin, / Aus der Tiefe gelockt, am neuen Lichte den Rücken? / Blüht Ionien? ists die Zeit? denn immer im Frühling, / Wenn den Liebenden sich das Herz erneut und die erste / Liebe den Menschen erwacht und goldner Zeiten Erinnrung ...«

[PATHOS UND IRONIE]

…, um endlich einmal humoristisch aus der
Notfallambulanz zu kommen:

[LANGWELLEN]

Dank für den Uwe-Johnson-Preis. (Na ja,
auch das setzt er in den Sand.)

Johnson beschreibt das Meer: wie es sich zurückzieht
nach vorläufiger Inquisition der Küste, um dann, mit
erneuerter Kraft (einer merkwürdig gelassenen, groß-
zügigen Wut; ich kenne kein resigniertes Meer) den
Strand wieder zu fluten, mit dem Trödel des Verges-
sens zu bedecken, den embryonenhaft in ihrem eigenen
Erdalter treibenden Muscheln, den zeitlosen Quallen,
rollenden Kieseln, Hühnergöttern, Tang, Sand, der
aus den Mauern Vinetas gerieben ist; anfangs- und
endelos sich aus sich selbst heraus erneuernd, erzeu-
gend an der Grenze zum flachen Land unterm hohen
Himmel, vor dem ich Gesine und Jakob, Ingrid Ba-
bendererde und Klaus Niebuhr, Hauptmann Rohlfs
und den alten Cresspahl sehe, wenn ich sie denke. Ich
sehe »das Kind, das ich war«, um den letzten Satz der
»Jahrestage« mit der Stimme aufzurufen, die ihn sinnt,
die nicht zu trösten ist (mir scheint, daß sie nach Trost
auch nicht verlangt), die verstummt – aus Tapferkeit,
nicht aus Schmerz.

Vor dem Meer wartet das Land, es hat eine Gegen-

Wart, und in der muß sich alles rechnen. Da studiert keiner Medizin und wird Arzt, um den dazugehörigen weißen Kittel eines Tages an den Nagel eines gebrauchten IKEA-Hochbetts zu hängen, das seine Frau von ihrer Stationsschwester zur Hochzeit bekam; da nimmt einer nicht das teure und lange, schwierige Studium auf sich, um das Verfassen von Lyrik und Prosa in der Kajütenenge unter jenem Hochbett zur Hauptarbeit seiner Tage zu machen; denn: Schreiben ist Wolkenstricken, Luftgreiferei, und wenn schon, dann nachprüfbare Fakten, Sachliches und Fachliches, aber doch keine Romane und, bitte, schon gar keine Gedichte, deren Sinn und Zweck nicht einleuchten. Das rechnet sich nicht. Das kostet nur Geld. Arzt, das ist ein schöner, angesehener Beruf, der seine Frau und seinen Mann ernährt, immer noch, trotz Gesundheitsreform und Regressen – aber Schriftsteller, Dichter gar? Das versteht keiner.

Hin und wieder jedoch gelingt etwas Schönes dabei, eine Ahnung kommt auf, wie es sein könnte auf Erden, eine Hoffnung, das, was ist und zu sein scheint, überwinden zu können: das kurze, wortreiche, verstehensarme, alles Geld, allen Rausch und Alltag irgendwann ins Sterben bündelnde, grundeinsame Leben, in dem, wenn es gutgeht, zwei Hände einander halten können. Hin und wieder gelingt es Dichtung, die Zeitlichkeit zu überwinden, den Tod; sie gibt Gedächtnis, sie birgt, sie stiftet den Spiegel für unser wahres Gesicht.

Johnson beschreibt das Land (das manchmal das
Meer auch sein kann); ich erfreue mich an der rauhen
Gründlichkeit seiner Schilderungen, die immer etwas
Sperrständiges, Widerhakendes haben (»grossglasäu-
gig« ist der Stellwerkturm, unter dem, zu erkennen
»vielleicht« an der langsamen stetigen Aufrechtheit
des Ganges, Jakob über das »trübe dunstige Gleisfeld«
gegangen kommt; »quer«); nehme die achtsame Ver-
haltenheit, mit der Johnson sich seinen Figuren nähert
(er sagt: Personen), für eine norddeutsche Form von
Liebe, eine mir grundsympathische Gefühlsprägung,
denn Diskretion und Zurückhaltung haben nicht, wie
ein mir bekanntes Vorurteil südlicherer Gegenden lautet, mit Kühle oder emotioneller Reglosigkeit zu tun.

Epik: eine Literatur des Nicht-Auflösbaren, prin-
zipiell, in einer Zeit, die nach schnellen Lösungen
verlangt, des Anfangs- und Endelosen (denn die Geburt weiß man nicht und wohl auch nicht mehr die
Sekunde des Todes); Anerkennung der Chance zur
Genauigkeit, die das Ausführliche, das mit dem Ge-
schwätzigen nicht verwechselt werden darf, bereit-
hält, Anerkennung des Aus- und Standhaltens, der
Ruhe, der Unbotmäßigkeit, des Plädoyers für Ab-
schweifung, Geduld, Barock, Fülle, Vagabondage, die
mit strenger Komposition dennoch zusammengehen
kann, denn das Epische, wie ich es verstehe und bei
Johnson, Proust, Mann, Tolstoi liebe, ist nicht das
Formlos-Aufgedunsene, sondern das gefaßte Huma-

num und heute, in der Zeit des kurzen und gefangenen Atems, ein Beispiel für Freiheit.

Epiker in kunstfremder Zeit. Kunstfremd (nicht -feindlich, denn Feindseligkeit, wie es sie im Sozialismus gab, nimmt noch ernst): weil Kunst »das Andere« ist, Spiel, Zweckfreiheit, Nutzlosigkeit, der Traum des Menschen, seine Unschuld. Ich sehe heute die Bevorzugung des Temperierten, der mittleren Preislagen, es heißt, der Künstler solle nicht »zu weit gehen« – aber wohin denn sonst als zu weit »soll« der Künstler gehen, will er diesen Namen verdienen? Kunst heißt nicht hübsch und nett sein, glatt und bestsellertauglich, auch rezensententauglich inzwischen, indem man die »do's and don'ts« nicht vergißt und weiß, was man »darf und was nicht«. Kunst, der ich diesen Namen gebe, heißt Erweiterung der Grenzen, Polar- und Urwaldexpedition des Geistes, heißt Weltschöpfertum und prometheische Anmaßung des Gottspielens, heißt Größenwahn und Widerstand, unerbittliche (auch gegen sich selbst) Suche nach Wahrhaftigkeit (wenn Wahrheit, schon gar »die«, nicht zu haben ist), heißt Bemühen um größtmögliche Genauigkeit (denn Genauigkeit ist Liebe) und Nuancenreichtum (denn Menschen sind widersprüchlich und auf einen Nenner nicht zu bringen), heißt, so es die Literatur betrifft, Kampf gegen die zunehmende Verluderung der Sprache; wagt Pathos, aber eines, das weder sentimental noch hochtrabend ist: Ironie stellt in Frage, Pathos sucht nach einer Antwort, Ironie ist nicht Humor, Epik aber kommt ohne Humor, das lösende Feuchte, das meerische Element, nicht aus, Ironie, methodisch gebraucht, wird zur Gefangenschaft der Mutlosen, leicht zum Zynismus und dann unfähig zum Beginnen. Kunst, wie ich sie verstehe, meint den unbändigen Menschen, der sich nicht anerkennt, nicht seine Grenzen, deren tastbare der Körper und deren unwiderruflichste der Tod ist. Kunst ist und fordert Utopie; das Problem des heutigen Menschen ist die anscheinende Unmöglichkeit der Utopie, totale Gegenwart ist, nach den ideologischen Katastrophen des 20. Jahrhunderts, die einzig übriggebliebene Verheißung. Visionen sind diskreditiert, wer welche hat, dem wird der Augenarzt empfohlen, oder es wird mitleidig abgewinkt. Daraus folgt der Verlust des Gedächtnisses (wer die Zukunft nur als fortgesetzte Gegenwart sieht, braucht ja keines), die schwere Betäubung und Melancholie, die wie ein Albdruck auf vielen Menschen lastet, die Gleichgültigkeit gegenüber der Vergangenheit und die Angst gegenüber dem Kommenden. Wie sollen wir leben? Auf diese Frage gibt es noch immer keine Antwort. Links und rechts, die alten Gegensätze, wollen für unser heutiges Lebensempfinden nicht mehr taugen. Wir sind ratlos. Wir wissen nicht, was tun. Können wir hoffen? Und worauf? Und wieso halte ich mich und Sie mit diesen am Ende unbeantwortbaren Fragen auf?

Die Zeit, in der wir leben, bedarf der Korrektur, und ich versuche, indem ich Menschen beim Leben zusehe und die Waghalsigkeit begehe, sie darzustellen, meinen Teil zu leisten. Episches Schreiben ist ein Unterfangen zur Weltrettung durch Wahrheitsfindung, das ist ebenso donquichottesk wie notwendig. Erlauben Sie mir eine weitere humoristische Bemerkung: Ohne Wahrheit gibt es kein Recht – um von Gerechtigkeit nicht zu sprechen; ohne Recht gibt es kein menschenwürdiges Gemeinwesen; »zeig mir mein Gesicht«, lautet einer der ältesten Wünsche an die Spiegel.

Das Meer ehrt uns mit Schweigen. Uns bleibt das Trotzdem.

[BEI GEWITTERLICHT UND TRAUM]
Notizen zum Gedicht heute.

Was ist und zu welchem Ende schreibt man heute Lyrik? Diese Frage ist, welche Binsenweisheit, ebenso unbeantwortbar wie die Frage: Was ist die Natur? Man kann versuchen, das Gras zu beschreiben oder ein Viertelleben mit der genauen Beobachtung einer schwarzen, kapriziösen Katzendame zu verbringen in der Hoffnung, etwas davon zu erfahren, was das sei: Natur. Und so die Lyrik – wenn ich sie lese, weiß ich, was das ist, soll ich sie erklären, blüht mir die Ahnung, daß es Hilflosigkeit sein könnte, was die Werke der Lyriker unter einen Hut bringen soll. Beginnen möchte ich mit einer Dichterin, die einer der jüngsten mir bekannten Menschen ist. Sie ist 84 Jahre alt und heißt Friederike Mayröcker. Verschiedentlich hört man, daß es um die deutschsprachige Literatur der Gegenwart, besonders um die deutschsprachige Lyrik, schlecht bestellt sei. Man blickt ins Gestern, hievt die großen Werke auf noch größere Sockel, um dann zu urteilen, daß es heutzutage nichts mehr gebe, das man den bewunderten Kathedralen der Vergangenheit an die Seite stellen könne. Dem ist nicht so. Herrschte in so manchen Kulturberichterstattungen nicht eine derartige, man muß das Wort leider aussprechen, Ignoranz gegenüber dem Gedicht, könnte ein solches Urteil schwerlich aufkommen. Die deutschsprachige Lyrik der Gegenwart ist den großen Epochen der Vergangenheit gewachsen, und Friederike Mayröcker ist, keineswegs nur für mich, eine der bedeutendsten, wenn nicht die bedeutendste, deutschsprachige Lyrikerin; sie gehört zu den mächtigsten Sprach-Zauberinnen, die je gelebt haben. Ich erinnere mich an einen Besuch in einem Loschwitzer Antiquariat, es steht (oder stand, ich weiß nicht, ob es noch existiert) in einer von sanft ansteigenden Hügeln, den Elbhängen, und wetterzähen, knorrigen Obstbäumen bestimmten Gegend von Dresden; dieses Antiquariat war ein Bücherboot, dessen Kapitän, Herr K., einen Schifferbart trug, Lachreusen in den Augenwinkeln hatte und eine Pfeife schmauchte, aus der, wenn er in seinem Verschlag am tintenfleckigen Stehpult arbeitete, in regelmäßigen Abständen eine Vanillespindel stieg und in die hinteren Räume drang, in denen der Besuch (man hatte das Gefühl, daß man zu Besuch kam, nicht in ein Geschäft, in dem es Bücher zu kaufen gab) stundenlang verweilen konnte. Herr K. schlurfte manchmal herein und ordnete etwas in der langen Reihe von Insel-Büchern unter dem Fenster oder stocherte winters mit einem Feuerhaken im Kachelofen, dessen gelbe Ziegel eine halbe Stunde nach dieser Prozedur Wärme in trockenen Lohen abpulsten; ein ausgestopfter Wiedehopf starrte vom Regal mit dem Buchstaben H. Dann äugte Herr K., ob man zufrieden sei und etwas gefunden habe, und wohl auch, wo und was man überhaupt suche, denn manchmal fuhr er mit einem Staubtüchlein über einen Buchrücken, paffte einen Vanilleduft-Ring aus und bemerkte, daß »dieses Buch, das Sie da in den Händen halten, keine Reiseliteratur im engeren Sinne« sei. Nein, das war es wohl nicht, obgleich ich im Raum mit den Reisebüchern stand, meiner Lieblingskajüte in Herrn K.s Papierboot, wo es auch naturwissenschaftliche Folianten, gebundene Zeitschriftenjahrgänge und Biographien gab. Es war ein in grünes Leinen gebundenes Buch, erschienen im Verlag Volk und Welt, 1985, und trug den Titel »Das Jahr Schnee«. Zunächst las ich Überschriften, sie lauteten etwa »Winter-Nachtigall« oder »Ode an des Frühlings Bast-Geweih und an seinen weiszbestrumpften Fusz« oder »Text mit den langen Bäumen des Webstuhls« oder »der galoppierende Helios« oder »Leibenfrost« oder »je ein umwölkter gipfel / lehrstück liliengracht« oder »tapisserie 8 monat' schnee« oder »sie wird im Osten klemmen« oder »... habe immer so eine Luftballonkindheit gehabt« oder »Heisze Hunde« oder »Entwurf zu einem Traktat über den Tag der Unschuldigen Kinder«. Ich setzte mich in den abgeschabten Rosensessel (ich nannte ihn so, weil er einen teerosenfarbenen, dachsfellartig verblichenen Bezug hatte) unters Fenster in der Ecke meiner Reisekajüte und las, das heißt: Ich versank. Wenn ich erwachte, hörte ich das leise Singen des Ofens nebenan und das Knarren der Dielen unter Herrn K.s bedächtigen, weit entfernten

Schritten; hierher, in dieses abgelegene Stübchen seines Antiquariats, kam über Stunden niemand außer seinem Kater Niesmitlust, einem dicken Zimttiger, der mir schnurr-keckernd um die Beine strich. Ich saß und las Texte, wie sie mir zuvor noch nie begegnet waren. Damals kannte ich »normale« Lyrik, sie bestand aus Gedichten mit erkennbarer Strophenform, gereimt und ungereimt, die als lakonische Situationsnotate wie die von Brecht auftraten (in denen ich Lyrik, wie ich sie verstehe, bis heute nicht entdecken kann, Ausnahme: »Erinnerung an die Marie A.« – »An jenem Tag im blauen Mond September« – und jenes Lied aus »Mahagonny«), meist von der Natur, von schiefgehender oder schon schiefgegangener Liebe handelten sowie von überwiegend geknickten lyrischen Ichs. Hier aber, im Buch dieser Friederike Mayröcker, der Name allein reine Poesie, war etwas anderes. Es gab sogar Fotos: eine offenbar in einem Wiener Lokal aufmerksam beobachtende Frau mit tiefhängender schwarzer Fransenfrisur, neben ihr ein in die andere Richtung starrender, hinter dicken Brillengläsern mürrisch wirkender älterer Herr mit eingefallenen Schultern und rebellisch aufgezogener Krawatte. Erst später würde ich wissen, daß das Ernst Jandl war. Ein anderes Foto zeigte ein junges, bemerkenswert langbeiniges Mädchen auf einer roh gezimmerten Holzbank neben einem Mann in Knickerbockern, der eine schwarze Brille trug: FM und ihr Vater in der Kind-

heitsgegend Deinzendorf. Das Mädchen, lachend, vor
einem Auto, einem Talbot, wenn ich mich nicht irre;
das Auto hat ein Gesicht und das Lenkrad rechts, es
stammt aus einer Zeit, als Autos noch zerbrechlich
wirkten und eine Seele hatten. Ein Kind mit einer rie-
sigen weißen Flausch-Bommelmütze, die Augen müssen blau sein, soviel Helligkeit und Fülle liegt darin,
ich habe diesen saugenden, tief staunenden, etwas Un-
begreifliches, vielleicht Schönes sehenden Blick sofort
geliebt und nie vergessen. Neben der Fotografie, im
Gedicht »... habe immer so eine Luftballonkindheit
gehabt« (gewidmet einem surrealistischen Maler mit
dem faszinierenden Namen Friedrich Schröder Son-
nenstern), stand in der Strophe Nr. 6: »... wenn auch
große Bienen- und Birnenernte, habe/ Pilze gesam-
melt, regennasser Zustand – habe das Hexenauge/
gefunden, sogar davon geträumt : meine Pupillen
schienen/ aufgeplatzt und aus den Augen trat Steck-
nadelköpfen gleich weisze/ Gallerte, ein Feuer und
Licht war ausgebrochen dasz alles/ verbrennen muszte
daran, und der Sturm wehte wie der Tod, der/ Sturm
wie der Tod Verwandlung Geburt und Krankheit,/ ..«,
und dann, in Nr. 7: »... spolieren war/ ihr Lieblings-
wort, wenn sie arg wimmerte warf ich sie am Morgen/
hinauf in die frische und freie Luft, dann hat sie viel
gefaselt/ geschnäbelt im Wasserpalast geschnäbelt, ge-
rufen BIN AUF ZUCKER/ GEGANGEN WEISZ WIE
IM MORGENLICHT ...« Was war das? Wie wurde

hier mit Sprache umgegangen? Was für Bilder malte diese Malerin? Hier wurde nicht mehr nur etwas mitgeteilt, das der besseren Erinnerung wegen mit Reimen am Zeilenende versehen war, hier wurde die Oberfläche der vertrauten Mitteilungs-Sprache durchbrochen für etwas, das tiefer ging und an Musikalisch-Klangliches rührte, auch an die Magie von Abzählversen aus der Kindheit, von Wiegenlied und Vorsprachlichem, wie es für Kinder selbstverständlich ist, merkwürdigerweise nicht mehr für Erwachsene. Hier war etwas Neues, so noch nie zuvor Dagewesenes, zugleich aber Urvertrautes, als hätte die Dichterin eine langverschüttete Quelle wiedergefunden. Was ein Gedicht sei, wurde hier neu bestimmt, hier gab es nicht mehr die Kreuzreime und Volksliedstrophen, die ohnehin nie aus »dem Volk«, sondern immer von Dichtern stammen und manchmal, vor allem in der Lyrik des sozialistischen Realismus, sich dem schlichten Ton auch nur andienten, hier gab es auch nicht das strenge, so leicht trocken und gedankendünn werdende Sonett, schon gar nicht jene billigen Limericks, die vielen Menschen einfallen, wenn sie sagen sollen, was Gedichte sind, und die notorisch Ehrentagsbroschüren, Internet-Homepages mit Rosenhintergrund und Hochzeitszeitungen füllen. Hier wurden Gedichte ganz und gar anders als gewohnt hergestellt, und zwar gar nicht schwierig oder, um es mit einem beliebten Totschlagwort zu bezeichnen,

»experimentell«; hier wurde nicht mehr experimen-
tiert, hier war jemand schon zu Ergebnissen gelangt.
»Was will uns der Dichter damit sagen?« Diese Frage,
die den Lyrikern wahrscheinlich noch in den Bezirken
unten entgegenschallen wird, in denen sie zusammen
mit ihren Rezensenten schmoren, dieses Zubeißen
von Gothic-Novel-Deutschlehrern in den zarten Hals
erwachender Lyrikneigung – sie blieb unbeantwortet.
Ich spürte: Die Dichterin will mir überhaupt nichts
sagen; ihre Texte sollen nichts bedeuten, sondern sein.
Ihre Texte sind Lebewesen. In ihnen geschah etwas,
das ich nicht anders als »organisch« nennen kann,
Wachstum und Tropismen, jene Wendbewegungen
der Pflanzen zum Licht; manche Texte erschienen mir
als Amöben, ungreifbar im proteischen Formenwech-
sel, es gab Radiolarien, Assoziations-Spinnenräder
und Pantoffeltierchen, Polypen, Seegurken und Wesen, die der von tellurischen Kräften durchzogenen
Werkstatt (ihrem »Zettel Haus, Zettel Kasten, Phantasie KAMPF Zimmer«) einer liebenswürdigen Demiur-
gin zu entstammen schienen, es gab Giraffentiger und
andere Wiener Melangen, und dieser ganze Urwald
durchaus elektrisch beleuchtet und durchwuchert von
wild sprießenden Sprach-Lianen. Wie leicht und far-
big war das alles, es wirkte unbeschwert, entstofflicht,
war morgenländisches Geweb. »Die marmorne die
steinkühle die vorfrühlingsgraue Zauberei/ die ah-
nungsvolle flügelschlagende Zauberei hat mich end-

lich berührt./ Ich erkenne dasz ich nichts mehr vermag gegen sie/ als mich ihr hinzugeben mit sinkenden Armen berstenden Lidern/ mit vergeblichen Zauberformeln die niemand aufgeschrieben hat.«

Was mich fasziniert: Dieses Werk ist modern und, selbst in frühesten Texten, avantgardistischer als das meiste, das heute geschrieben wird; es hat die Sehgewohnheiten der Lyrik aufgebrochen, und doch ist es an keiner Stelle vom Morbus Avantgardicus bedroht: der Blutleere, der staubigen Scholastik der Modellbauspiele, der Elaboriertheit permutativer Satzbau- und Rechenexempel, die die Konkrete Poesie und vieles aus der Wiener Gruppe und von deren Nachfolgern ungenießbar machen. Totgesagte vielleicht – aber Totgeburten leben nicht länger. Mayröckerdichtung ist *Bilderschrift Partitur*, ist immer Körperdichtung, alle Sinne sind beteiligt, ihre Texte kann man sehen, hören, riechen, schmecken, tasten und, das wäre bei ihr der sechste Sinn, »phan-tasten«. Modellbau in Ehren, ohne Skelett ist alles nur Gallert, aber Skelett allein ist mir zu dürr und erinnert mich zu nah an den Gevatter mit der Sense, da bin ich zu sehr Mensch und möchte als solcher von einem Text gern auch bewegt sein, in welcher Weise auch; und mich bewegen eher Fleisch und Blut als die Skelette, da geht es mir wie dem Operndirektor La Roche aus Richard Strauss' »Capriccio«: »... gelehrte Musik ... Wen soll das bewegen? Das Volk bleibt kalt und wendet sich ab. Es will auf der

Bühne lebendige Menschen von Fleisch und Blut und
nicht Phantome!« Mayröcker, in deren Äußerungen,
soweit ich weiß, die Romantiker bis auf Novalis und
Jean Paul kaum vorkommen, hat mit ihrem Lebens-
werk dennoch ein romantisches Programm verfolgt:
das der von Novalis in Umrissen entworfenen Univer-
sal-Poesie nämlich. Das ganze Leben, das ist das uto-
pische, dennoch allen Ideologien gleich ferne Moment
in Mayröckers Dichtung, muß in Poesie übersetzt
werden. Das ganze Leben, das umfaßt unter anderem: Filzstifte und Terminpläne, »des Dichters telefo-
nisches Grollen über die häusliche Nachlässigkeit der
Dichterin«, Geldsorgen, Berufssorgen, Rechnungen
der Telekom (Austria), Intrigen, Palmen in Nizza, ein-
gewachsene Zehennägel, eine polnische Holztaube am
Plafond, Weckersammlungen, verschüttete Gesichter,
Älterwerden, Verliebtsein, Stummsein, Melancholie, Frühling, die »Sonne ein einziger Veilchentuff!«,
Fruchtfliegen, Gefangensein, Angst um den einzigen,
den Lebensmenschen. Angst, überhaupt, und Liebe.
Spuren von Glück. Alles wird zu Sprachgarn gesponn-
nen und in den Fliegenden Teppich der Mayröckerschen Poesie gewebt, unablässig geht es um die Einbin-
dung, die Verbindung der Materie(n), des Sterblichen
also, in Poesie, des einzigen, das unsterblich ist an uns.
Mayröcker ist eine besessene Wahr-Nehmerin, sie will
die Welt halten, manchmal anhalten, will leben. Wie
in jeder großen Dichtung gibt es auch in dieser eine

Mauer, nur ist sie hier aus Glas, hinter der Jener mit dem einsilbigen Namen steht. Aber sie erliegt nicht, sie gibt sich nicht geschlagen, und mag es auch pathetisch sein und belächelt werden, es ist menschlich, und in Zeiten, in denen es von »gelehrter Musik« wimmelt, die den Kritikern das Vergnügen von fünf Ebenen und doppelten Doppelböden beschert, aber niemanden mehr zum Weinen und zum Lachen bringt, empfinde ich diese Poesie um so mehr als ein Wunder. Etwas Mozartisches webt darin, sie vermag zu rühren (mit welcher Liebe schreibt sie über und an »Hans Carl Artmann alias Quirinus Kuhlmann: hast du die wasserblauen Augen angebunden/ an jeden schönen Gegenstand der Welt?«); sie vermag zu beglücken. Ja, das ist es vielleicht: In der Mayröckerschen utopischen Poesie findet sich ein Stoff in Konzentrationen, die man sonst nicht gewohnt ist von der seltensten aller Erden: Glück.

Es ist schwer verzeihlich, so spät auf Thomas Mann
zu kommen. Show, don't tell. Und … bitte:

[DAS BABYLONISCHE SPRACH-ATELIER]

Garn, das in der Zauberer Inc. Verwendung findet,
wird immer geprüft und für wohlgesponnen befunden worden sein, um in Muße und völliger Zu-
rückgezogenheit (wenn auch müde manchmal, sehr
müde), nachdem es differencirt, gehechelt (sollte es
vom Flachse sein) und zu fein-feinem Haar gekämmt
wurde, zu Tuchen verwebt zu werden, die exclusiver
Kundschaft, Sorgenkindern des Lebens, mit aller Be-
stimmtheit (wollen wir versichern) und doch zugleich
mit jener Ruhe angemessen werden, die eine wahrhaft
epische zu nennen der freundwillige Sinn nicht ver-
fehlen sollte, ist sie doch, wie wir verstehen, Rock und
Stock der Kälte nicht, sondern, im Grunde, Ein und
Aus heimlicher Wärme, die die Schönheit angeschaut
mit Augen, dergestalt, daß das Tuch, mag es auch von
historischem Edelrost überzogen sein, eine luxuriöse,
gleichsam atmende, echo-reiche, immer ausgehörte,
unverwechselbar-unnachahmliche (denn Stil ist Haltung, und Haltung ist Welt, und seine Welt ist versun-
ken) englisch bequeme Beschaffenheit annimmt, zugleich immer – und auch dies versieht es, wenn wir den
Begriff nicht verschmähen, mit seinem Logo – über-
duftet wird vom sanften und teuren Arom flachlän-
discher Maria-Mancini-Cigarren, dann und wann ein

Tropfen Veilchenwasser; und mag er auch (um das Garn wiederaufzunehmen und als roten Faden in den tiefen Brunnen der Vergangenheit zu senken) in der Mittagspause spazierengegangen und bekümmert gewesen sein über Risse im Knauf der Elfenbeinkrücke, so hatte doch die Amme nicht die Schuld, vielmehr eine bedeutende Abgezogenheit in das Universum der Knöpfe: welche dazu beitragen, das Tuch so zu schichten, daß es eins und doppelt wird, Textus (gekostet, soll er auf der Zunge zergehen wie die Genüsse der Huysmansschen Getränke-Orgel: Schwertlilien, Orchideen: Hauch wie von faulenden Wassern, und Maréchal-Niel-Rosen verzaubern ins Gezüchtet-Exotische, was, wir versichern Sie, ernste Beurteiler vermochte, diejenigen Candidaten, welche spöttisch verschlossenen Mundes, genitivus qualitatis, abseits standen und dem Tode Herrschaft einräumten über ihre Gedanken, als auf dem Weg zum Friedhof endgültig befindlich zu betrachten), – Textus also, der die Wonnen des Einkreisens kennt und, nicht unser ist die Pedanterie, genitivus possessivus, auch sich selbst in Parallelismus und Chiasmus, mit Gedächtnisstützen, Anaphern, purple patches, Anadiplosen, Hyperbata, freilich ebenso – und beinahe mehr noch, sind wir versucht zu sagen – die Wonnen des exakten Zuschnitts, der scharf-kühlen Analyse, wer im Reiche zu bügeln versteht und wer nicht, wer über flanellenen Flaus die Schneiderkreide streichen darf; die Wonnen des mot

juste, das zitternd steckenbleibt in der Mitte der Re-
deblume (»absolut.« – »erledigt.«), so daß wir, die wir
respektvoll und erschüttert die Nachricht seines 50.
Todestags empfingen, uns nur verneigen können vor
der Opulenz jener verschollenen Schneiderkunst, die
doch, da sie Unordnung und frühes Leid erfuhr, mehr
verschweigt als verspricht, und wenn nicht verkannt
von den Verächtern der genauen, geduldigen Nadel-
arbeit, so doch beschützt von derber Elle in der Ecke
(wie hieß die skribelnde Niedertracht? – Erledigt.)
Glockenschall, Glockenschwall anstimmen läßt supra
urbem, daß es den Vätern und S. Fischer und uns, den
Amüsablen, eine Freude ist.

[SCHALLPLATTE. DIAGNOSEN]

Märchen und Wirklichkeit. Verzauberung durch Zeit. Die Schule der süßen Gifte. Das Wallenstein-Problem.

Wenn es stimmt, daß die Dichter, wie ein Kostüm-händler im Turm, dem Viertel meiner Kindheit, sagte, »die Wahrheit lügen«;
– denn die Autobiographie ist das gegrabene Bett für den Fluß der Phantasie
– denn Tagesbefehle, Lagebesprechungen sind ohne Geruch und ohne den (zögernden?) Blick, den der Roman beim General erkennt, wenn dieser, nachdem er sich den Nacken mit Kölnisch Wasser erfrischt hat, den Stift zur Unterschrift ansetzt
– denn niemals ist eine Apfelblüte autobiographisch
– denn wir verlassen (tageweise?) unsere Schatten, bleiben in Verbindung mit den abgelegten Ichs am dünnen roten Zeit-Faden, und wenn ich anklopfte an die Türen der Vergangenheit, wer erkennte mich, wem antwortete ich?
– denn aus dem Kern wächst der Apfelbaum, trägt ihn in sich (und vergißt nicht?); aber was Blüte ist, unter der unbekannten Sonne, später, andernorts, trug sich dem Kern zu, noch und schon?;

wenn es stimmt, daß die Dichter nach unten müssen, wo auf der Großen Waage ihre (unterlassenen) Taten und ihre (schriftlichen) Redehandlungen wie auch ihre Herzen gewogen werden;

und Minos das eine Ding fordert, mit dem man sich ausweisen muß, jenes Ding, das einen Menschen zu bestimmen scheint und symbolisch für sein Leben stehen soll;

– Damien Hirst gibt ab: eine Apotheke, ich gebe ab: eine schwarze Schallplatte mit gelbem Etikett (Deutsche Grammophon? Dresdner Musik? die Scheibe schwarz und von mir auf A- und B-Seite, im Labyrinth und seinem Spiegel, mit gelben Flecken bemalt, eine Quitten-Platte?);

wenn es stimmt, daß das Märchen in den Alltag ragt, das Inlandeis der Wünsche in die Zeit:

– [DIE SCHULE DER SÜSSEN GIFTE]

Mein Onkel hatte das Buch von einer seiner Musikerreisen mitgebracht, aus Moskau. Es kostete 1 Rubel und 30 Kopeken, war in zigarrenbraunes Leinen gebunden und in Lizenz vom Aufbau Verlag gedruckt. Das Dresden meiner Erinnerung, in dem ich nach langen Beobachtungen (man kann ein Buch beobachten, da Bücher ihrerseits schweigende Beobachter sind) den Papierziegel mit dem magnetischen Titelaufschlug, war eine Winterstadt, durchquert von der kranken Elbe, die zu kreisen und immer neue Lagen Totenwachs an die verwitterten Zimmer zu lagern schien, in denen die Zeit stillstand und die Bewohner

mehr in Träumen als in ihrem Alltag zu Hause waren,
über dem der rote Sowjetstern leuchtete. Während
draußen Schnee und Braunkohlenasche den Dresdner
historischen Edelrost bildeten, las ich Hans Castorps
Geschichte, wie er von Hamburg nach Davos fuhr, auf
Besuch für drei Wochen. Großlungig, gleichmäßig,
wiegend wie Meeresdünung rollten die Sätze dahin,
trugen mir die von Eisblumen verkrusteten Zimmer
des Berghofs zu, Joachim Ziemßen, den standhaften
Zinnsoldaten, das Apfelsinentüchlein Marusjas, das
Türenschmettern der wurmstichigen Venus Clawdia
Chauchat, die im Restaurant am Guten Russentisch
saß, neben dem schwarzbärtigen Dr. Krokowski, dem
Gehilfen des Sanatoriums-Chefs mit dem Titel Hof-
rat und den blauen Backen. Was geschah hier? Nichts.
Oder doch: Es schneite. Zwerginnen-Saaltöchter
servierten Frühstück mit viel Milch. Die Heizungen
wurden nicht angestellt, wenn es kalt, sondern wenn
es Zeit war. Täglich wurde Temperatur gemessen, der
Verein »Halbe Lunge« machte Ausflüge, Hans Castorp wurde untersucht und für tuberkulös befunden.
So mußte (oder wollte) er bleiben – aus den drei Wochen würden sieben Jahre werden. Herr Settembrini
im abgetragenen »Flaus« unternahm es, ihn zu erzie-
hen: zum Humanismus; sein Gegner, der scharfzün-
gige Naphta, bevorzugte gut durchdachten Terroris-
mus. Hans Castorp geriet in einen Schneesturm, sah
erst das Paradies – und dann zwei »graue Weiber«, die

ein kleines Kind zerrissen. Abends aß er gut. Mynheer Peeperkorn erschien, hob den Lanzennagelfinger, redete abgerissen – »erledigt«. Das Gerät, mit dem er sich umbrachte, hätte ich, schon aus technischem Interesse, gern einmal gesehen. Was geschah? – Beinahe nichts. Die »Große Gereiztheit« mündete in den »Donnerschlag« des Ersten Weltkriegs. Der Unterricht im Zauberberg, beim Herrn der Schallplatten, war nicht spannend. Aber ungeheuer fesselnd. Er hatte, soviel lernte ich, mit dem Leben zu tun – und wurde beschrieben, daß man ans Abreisen nicht mehr dachte.

;

wenn es stimmt, daß kein Mensch (»in Wahrheit«) existiert;
– denn abwesend sind, die ich nicht sehe
– denn als Homunculi kehren sie zurück: im Telefon, als elektronisch Schriftgebild, als Tinten(Kugelschreiber?)-Linienmuster in Kuverts, als Kopfgeburt, gefrorne Filme, Gesten, geliefert (gekupfert) von Maschinen, Kanzlei Erinnerung, Chefsekretärin Venus
– denn wie sieht man, wenn nicht aus Wünschen, blind, ins Blaue (Programm Tannhäuser)
– und wenn die, die ihr zu kennen und hinter den Figuren zu entziffern meint, gestorben sind, dann bleiben sie als unsterbliche Schatten in der Dichtung, denn Zeit ist die Krankheit, der Dichter ihr Arzt

– so daß ein Dichter nichts anderes kennt als »Wallenstein« (siehe auch die Anmerkungen Tolstois zur Richtigkeit von Schlachtaufzeichnungen, Nachwort zu »Krieg und Frieden«; wie »objektiv« – s. [LINK] »Objektivität« von Daston/Galison – kann also ein Historiker sein? Quellenkritik);

wenn all das stimmt, so kann man schlußfolgern: all das stimmt.

[AUTOBIOGRAPHIE UND ERFINDUNG]

Die Wiener Bestattung bietet an, aus der Asche der Verstorbenen kristalline Kohlenstoffprodukte zu pressen. Zuzeiten wird sich der Autor wie einer ihrer Mitarbeiter vorkommen, dessen Biographie ein roter Faden ist, an dem diese Kohlenstoffprodukte (vorausgesetzt, daß die alchemistische Prozedur glückte) hängen sollen, um auf den Atem von etwas Geliebtem und Lebendigem hinzuweisen.

(PS: Hat Gott die Welt erlebt, als er sie schuf?)

[STILLEBEN MIT FLOH]

Anmerkungen zur lustigen Lyrik.

Wenn ich mich frage, ob die Poesie eines Wilhelm Busch, eines Ringelnatz, Morgenstern, Tucholsky, Kästner, Gernhardt, Rühmkorf bis hin zu den Epigonen Politycki und Steffen Jacobs, Thomas Gsella etc. gut ist, bekomme ich ein Problem. Der Bauch sagt mir nämlich nein, im Kopf aber und als Würze zum Beispiel bei Gesprächen habe ich sie gern. Obige Namen zusammen zu nennen kommt natürlich der Willkür nahe, aber abgesehen von den Qualitätsunterschieden und davon, daß unwillkürlich nur das Rotwerden ist (und vielleicht, wenn man die abgebrühten jungen Mädchen von heute kennt, nicht einmal mehr das), haben diese Autoren meiner Meinung nach doch so viel gemeinsam, daß es mir hier erlaubt sei, sie gemeinsam zu rubrizieren. Also: Warum hat humoristische (provokativer gesagt: lustige) Poesie ein Problem? Hat sie tatsächlich eines? Ich denke, doch – ein Anerkennungsproblem. Liegt es am deutschen Feuilleton? Nein. Die Journalisten, die ich kenne, haben überhaupt nichts gegen Trefflichkeit und Würze. Dann hat lustige Lyrik es also in der »Literaturszene« schwer, bei den sogenannten Eingeweihten? Das scheint mir eher zuzutreffen. Aber warum?

Möglicherweise hat es damit zu tun, was wir uns unter Lyrik vorstellen, guter zumal; was wir von Lyrik

erwarten. Ich will hier nicht den »deutschen Nationalcharakter« strapazieren, ein mißbrauchter und oft
mißverstandener, weil mißverständlich gebrauchter
Begriff, dessen Aussage man, zumal hierzulande, bestreiten kann, dessen Existenz, und mögen Sonntagsideologen noch so sehr Klischee! Klischee! blöken,
man spätestens nach einem Auslandsaufenthalt in
Betracht ziehen wird. Die Deutschen, heißt es, seien
humorlos, ein pathetisches, ernsthaftes, zum Grübeln
geneigtes Volk, das eher einen Wagner als einen Rossini hervorbringe, dessen Nachtigallen philosophisch
pfiffen, dessen Pudel alle Kerne hätten. Und dennoch:
Auch bei den Amerikanern, bei den Italienern und
Spaniern haben es, soweit ich es übersehe, die lustigen
Lyriker, zumindest in der Fachwelt, schwerer als ihre
Kollegen von der »ernsthaften« Fakultät. Kennen Sie
eigentlich einen lustigen italienischen Lyriker? Montale? Saba? Ungaretti? Quasimodo? Doplicher? Zanzotto? Dante? Luzi? Valduga? Pavese? Der deutsche
Vogel, scheint mir, hat doch einigen Humor. Lyrik, das
Musizieren mit Worten, ist per se hochfliegende Kommunikation. Sie ist im Wesen Gesang und stellt sich
unmittelbar zur Welt. Humor und mehr noch Ironie
aber sind mittelbare Künste; ein Stein ist unmittelbar
nicht humoristisch, nur (m)eine Sicht darauf kann es
sein. Viele Menschen in unserer vermittelten Welt suchen das Unmittelbare, mindestens aber erhoffen sie
es. Viele haben Sehnsucht nach Religion (Religion ist

die Inszenierung des Unmittelbaren, Theologie dessen Wissenschaft), gestehen sie sich nur nicht ein. Warum nicht? Warum ist jemand ironisch? Weil er in Wahrheit verzweifelt ist? Und in der Ironie die einzige Möglichkeit sieht, die Verzweiflung einigermaßen auf Distanz zu halten? Dann wäre er feige – und seine Kultur letztlich eine Kultur der Feigheit? Das könnte stimmen, und natürlich will er nicht feige sein, will sich das nicht sagen lassen, vor allem nicht von der innersten Stimme, die man nicht täuschen kann. Die großen Gefühle verschaffen sich heute anders Zutritt: im Film beispielsweise, wo das Melodrama fröhliche (Hollywood-) Urständ feiert, in der geheimgehaltenen Sentimentalität, die hinter den Fassaden aus Coolness oft zum Vorschein kommt, wenn man ein wenig tiefer bohrt. Das Gedicht nun wird als Raum betrachtet, in dem das Heilige (denn dieser Begriff ist hier anzuwenden) Zutritt haben darf und muß. Wird es auch hier noch verletzt, muß der Verletzende mit Widerständen rechnen. Das lustige Gedicht verletzt das Heilige, es kommt profan daher und interessiert sich für Oberflächen, die, im übrigen, Tiefe genauso enthalten können wie nur jeder Sonettkranz, der bis in die Existentialien reicht. Letztlich sind die Kategorien unbrauchbar, denn auf einem Stecknadelkopf, lange und intensiv genug betrachtet, kann die »ganze Welt« Platz haben, und ein Gedicht, das mit Allumfassungsgestus von der »ganzen Welt« spricht, kann

nicht einmal präzise genug für einen Stecknadelkopf
sein. Es wird, das ist jedenfalls mein Eindruck, dem
lustigen Gedicht übelgenommen, daß es das Heilige
verletzt. Nun kommt es sehr darauf an, wie das geschieht. Jacobs schreibt: »Hallo, Muschi, Möse und
Co.! / … Wie geht es euch denn so?« Das wird dann
allen Ernstes zur Kapitalismuskritik verklärt. Meine
Meinung, in erfrischender Deutlichkeit: Dies ist nicht
einmal schlechte, sondern keine Lyrik. Ich weiß, was
er will, und sehe das Problem, von dem er spricht,
gewiß ähnlich, aber wie er es sagt, ist auch ein Problem. Ist das jetzt eine Philippika gegen das Leichte,
Lichte, Lockere in der Lyrik? Mitnichten: Der Elefant
von Celebes hat gerne etwas Gelebes. Ich unterstütze
nach Kräften Polityckis Forderung, die Trübetassen-
Lyrik poetisch angehauchter Auch-Schreibender ad
toilettam zu expedieren. Das Leben ist ernst genug –
und Heiterkeit unbezahlbar. Aber das, was er dafür
vorschlägt, verbale Griffe in den Schritt, schwellende
Hahnenkämme und Schulterpolstergymnastik, halte
ich nicht für gute Lyrik. Dagegen Ringelnatz: »Ein
männlicher Briefmark erlebte / Was Schönes, bevor
er klebte. / Er war von einer Prinzessin beleckt. / Da
war die Liebe in ihm erweckt. / Er wollte sie wieder-
küssen, / Da hat er verreisen müssen. / So liebte er sie
vergebens. / Das ist die Tragik des Lebens!« Fabel-
haft, ich trage es auf der Zunge, dem schönsten Auf-
bewahrungsort für Gedichte. Viele der Gedichte, die

ich auswendig kann, stammen aus diesem Bezirk, Ringelnatz, Kästner, Wilhelm Busch, und ich bin durchaus ruchlos genug, ein Sonett über Sonette, welches beginnt »Sonette find ich sowas von beschissen«, ganz und gar nicht im Sinne dieser Zeile zu finden. Und doch frage ich mich, warum ich – es geht ja nicht nur mir so – einen Wilhelm Busch oder Robert Gernhardt niemals neben Goethe oder Hölderlin stellen würde, obwohl beide wie diese ebenfalls »von allem« sprechen und oft so, daß man, wird man befragt, eher einen Busch als einen Goethe auf der Zunge hat, eher einen Gernhardt als einen Hölderlin. Es ist eine Frage, die ich auch Ihnen stellen möchte. Vielleicht stellt sie sich Ihnen nicht, vielleicht sind Sie, was dieses Thema betrifft, anderer Ansicht als ich und teilen schon meine Prämissen nicht. Noch eins: Weshalb eigentlich ist lustige Lyrik meist gereimt?

[UND PROUST?] → [DIE HERBERGE ZU DEN GLÜCKLICHEN REISENDEN]

He! Ein Nachtquartier!
Schon wirft er den Säbel hin.
Draußen fällt der Schnee.

Muriel dachte oft an dieses Gedicht. Sie erzählte mir von Buson, der es gemacht hatte: der Zwiebelhautmaler, so nannte sie ihn. Sie nannte ihn auch einen Verteidiger der Impfstoffe (Muriel war Ärztin und wies mich darauf hin, daß Krankheit gern neben Armut wohnt). Wir reisten. In Paris war es heiß, eine fettige Hitze wie aus Orient-Bratküchen; im Hof hinter unserem Hotel arbeitete ein Vulkanisateur mit Druckluft und brachte die Schwanzspitzen von vier Katzen, die in einer verstopften Regenrinne lagen und aneinander vorbeisahen, zu geschmeidiger Stenographie. Langsam, wie Farne sich entrollen, öffneten sich die Arme des Flusses.

Meinst du nicht, daß es in diesem Gedicht außer dem Samurai und dem Wirt noch mindestens eine andere Person gibt? – Es ist eine Herberge, da sind Gäste. – Die Herberge kann einsam liegen, und der Samurai ist seit Tagen der erste Gast. Im Winter dürfte ohnehin wenig Betrieb sein. – Aber draußen ist es kalt, da wird jeder, der kann, ins Warme wollen. Wieso mehr als zwei Personen? – Weil der Samurai »He!« ruft und

nicht »He, Wirt!«. Es müssen sich also mehrere Perso-
nen im Raum befinden, und der Samurai kann nicht
erkennen, wer von ihnen der Wirt ist. – Bin nicht dei-
ner Meinung. Gerade dann, wenn mehrere Personen
im Raum sind, würde er doch »Wirt!« rufen, bei »He!«
ist es doch klar, daß er einen einzelnen anspricht oder
überhaupt jemanden herausrufen möchte. – Er möchte
niemanden herausrufen. Es ist eine einsam gelegene
Herberge, vielleicht in einem Grenzgebiet, in der au-
ßer dem Samurai keine Gäste sind. – Sonst würde er
sein Schwert nicht hinwerfen? – Zumal er es gezogen
hat. Dann müssen der Wirt und seine Gehilfen ziem-
lich mickrig sein, oder alt, die können ihm nicht ge-
fährlich werden. – Woran erkennt er, daß es Gehilfen
sind? – Weil sie das Feuer schüren.

Die epischen, dünenden Häuser auf den Boulevards.
Die schmiedeeisernen Gitter vor den schmalen Ter-
rassen wirkten wie Kiemen. Eine Stadt der thetischen
Monster; Muriel sagte, es würde sie nicht wundern,
wenn »Paris« auf »Poseidon« zurückzuführen wäre
und man schwimmend von Zimmer zu Zimmer gelan-
gen könnte. Ein Zwiebelhändler hatte Buson den Auftrag gegeben, eine Zwiebelpflanze auf ein Rollbild zu
malen. Das Bild würde bald fertig sein, versprach Buson. Monat um Monat verging, Mahnungen fruchte-
ten nichts. Da entschloß sich der Kaufmann, nicht aus
der Stube Busons zu verschwinden, ehe er das Bild in
die Hand bekam. Buson nahm einen Pinsel und malte

das Bild einer Zwiebel, so schön, daß der Kaufmann entzückt war. Aber warum er ihn so lange habe warten lassen? Buson öffnete einen hohen Kasten, der nichts anderes enthielt als Studien über Zwiebeln.

Außerdem wird die Herberge nur einen Raum haben. Sonst hätte der Samurai zuerst das obere Stockwerk überprüft, ehe er den Säbel wegwarf. – Wenn es einen Stall gibt, hat der Samurai dort zuerst nachgesehen, und es wäre merkwürdig, daß er nach dem Säbel greift, hätte er die Pferde seiner Freunde gefunden. Fremde Pferde deuten auf Gäste hin, er würde den Säbel nicht sofort preisgeben. – Und wenn die Pferde dem Wirt gehören? – Das müßte er nachfragen, und der Wirt kann ihn belügen. Es ist unwahrscheinlich, daß ein Wirt in einer einsam gelegenen Herberge mehrere Pferde besitzt. Er wäre zu arm, sie sich leisten zu können. – Die zweite Möglichkeit ist, daß im Stall überhaupt keine Pferde stehen. Der Samurai zieht den Säbel zur letzten Vorsicht. – Der Wirt könnte die Pferde weggeführt haben. – Sie brauchen Futter, das muß er besorgen; das hinterläßt Spuren. Wenn der Wirt so arm ist, daß er sich keine Pferde leisten kann, oder wenn er keine braucht, muß es eine zu Fuß erreichbare Siedlung geben. – Ich weiß nicht, wie weit japanische Wirte gehen, um ihre Vorräte aufzufrischen. Aber zu Fuß erreichbar wäre dann auch die Herberge, und der Samurai könnte sich nicht so schnell sicher fühlen. – Bleibt die dritte Möglichkeit: Das Haus besteht

*nur aus einem einzigen Raum ohne Keller und mit
einem Verschlag für die Pferde gleich neben der Tür. –
Wohin der Samurai auch sein eigenes Pferd führt, das
seine Ankunft nicht verraten hat. Doch vielleicht ist es
ein Grünschnabel, andere Samurai warten draußen,
sie schicken ihn erst einmal vor zum Lagepeilen? –
Die würden nie einen Grünschnabel vorschicken. Er
würde auch mehrere Nachtquartiere fordern. – Und
wenn er zwei Schwerter hat? Ein langes, ein kurzes? –
Würde Buson nicht »Schon wirft er ›den‹ Säbel hin«
schreiben, sondern »einen«. In der Übersetzung, damit es siebzehn Silben bleiben, »nen«. Bedauerlich ist
es, mit einer nicht gezogenen Waffe zu sterben, sagt
das Hagakure.*

Bei den Heimathändlern an den Kais immer die gleichen Blechschilder versunkener Transatlantiklinien.
Gestrandete Dinge; einige schöne Stiche hingen wie
zum Trocknen an Wäscheleinen. Wir flanierten, wir
hielten an, wir waren müde. Sonnenschaum über dem
gestopft vollen, Menschen schwitzenden Boulevard
Haussmann. Erschöpfte Männergesichter; Frauen,
die ein wenig über dem Boden zu gehen schienen. Sie
trugen Pollenfarben und wirkten so, als wären sie völlig zufrieden mit dieser Stadt, als hätten sie, endlich
einmal in einer Welt, die von Frauen geboren, aber
von Männern mit Gesetzen versehen wird, den stei-
nernen Bienenstock ihrer Wünsche bekommen. No.
102: Marcel Proust habita ... 1907-1919. Eine schlichte

Tafel an einem unscheinbar wirkenden Haus (zog man die Korallenriffe und Pagodenbauten entlang dieser Einkaufsmeile zum Vergleich heran); in den oberen Stockwerken schwarzweiße Markisen, parterre befindet sich eine Bank. Hier also die Arche, Kork an den Wänden, Staubflusen wie Chinchillawolle, Stechapfelpulver, das die Krankheit tief ins Gesunde vergiftete, »Lange Zeit bin ich früh schlafen gegangen«. Die Baumkronen, fern, wie in Spinnenseide gedreht, von der Pâtisserie Paul zum Printemps-Kaufhaus und zu den Galeries Lafayette, deren Jugendstilkuppel über dem Straßentreiben unerschütterlich gewissenhaft in eine Sammlung bunter, toter Insekten zerfiel. Feiner als Seesand die Stille.

Ein Schwertkämpfer spaltet den Pfeil im Flug. Und er stirbt für den Shogun. »Draußen fällt der Schnee.« Er sagt nicht »Draußen fällt Schnee« oder »Es schneit«. Ich habe die Vorstellung von Schneetreiben, weißer Finsternis. Der Schnee. Den wir schon kennen. Der unabsehbare, Stunde um Stunde fallende, schallschluckende Schnee Nordjapans, der alle Spuren des Samurai verwehen wird, so daß er seine weit zurückliegenden Verfolger abgeschüttelt haben kann. – Aber wenn die Herberge einsam liegt, werden sie wissen, daß es weit und breit nur dieses Haus zum Übernachten gibt. Und wenn sie tatsächlich so weit zurückliegen, wozu dann der gezogene Säbel? Was sagt dir überhaupt, daß er gezogen ist? – Der Samurai befindet sich im Gebiet

seiner Verfolger. – Was macht dich so sicher? Meinst du,
»Heimat« und »Säbel« passen nicht zusammen? Wo-
her weißt du, daß es ein Wirt ist? Warum keine Wirtin?
Und ... ist es überhaupt eine Herberge? Warum kann
der Samurai nicht nach Hause kommen? – Mit den
Worten »He! Ein Nachtquartier«?

Aber dann sagte sie: Du hast recht. Man muß für
alles bezahlen. Und ich habe mich schon immer insge-
heim darüber gewundert, daß ich nach Hause kommen
konnte und den Säbel nicht gebrauchen mußte. Wir
saßen im Café Panis in der Rue Lagrange. Mich rührte
die Geste einer Frau an einem der Tische auf dem Trot-
toir, einer Engländerin, die eine Story in einem Buch
veröffentlicht hatte, das bei Shakespeare & Co. auslag;
der Buchhändler hatte sich freundlicherweise ein Au-
togramm geben lassen. Sie sprach mit einem Mann, der
David Niven in »Tod auf dem Nil« ähnelte, aß eine
rücksichtslos große Portion Spareribs und hielt, während sie gestikulierte, die Gabel in der Rechten, unver-
ändert für mehrere Minuten. Davor Verkehr, auf- und
abtauchende Kellner, ein Bus auf dem Quai Monte-
bello, der einen Augenblick die Sonne eines tragisch
sich verausgabenden Sommertags über die Menschen
im Café schüttete und die Zinken der von den Rede-
bewegungen der Engländerin leicht schwankenden
Gabel wie Injektionsnadeln aufblinken ließ. Das hat
nichts zu bedeuten, sagte Muriel, aber das Phänomen
ist interessant. Vielleicht ist es ein Irrtum, zu glauben,
daß man Liebe nicht fordern muß.

Eines Tages wollte Buson den Mond auf sich wirken lassen, und um ihn ganz genau beobachten zu können, kam er auf den Einfall, ein Loch ins Dach seines Hauses zu bohren. Eine Laterne entzündete das herabhängende Dachstroh. Das Haus begann zu brennen; die Feuersbrunst äscherte halb Kioto ein. – Vielleicht fand er die Elektrizität überflüssig. Warum Grenzgebiet? – Wo kann eine einsame Herberge liegen und sich trotzdem ernähren können? Vielleicht hat der Samurai sein Schwert gezogen, weil er glaubte, auf Räuber oder Schmuggler zu treffen? – Vielleicht ist es ganz einfach: Er hat draußen gekämpft und Feinde erschlagen, vermutet aber noch mehr im Gasthof? – Ich verstehe es trotzdem nicht. Haiku verstehen hieße Japan verstehen, sagen die Japaner. Und wer sagt, daß die Übersetzung in Ordnung ist ... Wußtest du, daß sie ihre Häuser nicht gegen, sondern für die Jahreszeit bauen? Im Winter friert man im Haus, sommers schwitzt man, so wird es gewollt. Die Kinder erkälten sich, müssen ins Krankenhaus, aber damit leben sie.

Ein Tanzschiff mit einer Hochzeit fuhr vorbei, passierte mit schallender Musik Notre-Dame. Nachts kamen wir ins Hotel zurück. Der Fahrstuhl war eng und ausgepolstert, für vergebliches Schreien geeignet.

[SANDKÖRNER]

Metapher: »anfangen«. Was fängt man, wenn man an-fängt? Etwas wird für etwas anderes gesetzt. »Ihr Mund eine feingezeichnete Amaryllis / dunkelrot von Geheimnis«. Ein Autor, der solches einer Frau schreibt, darf sich nicht wundern, wenn sie mehr von ihm lesen möchte.

Bild: »In der Frühe / schwimmen blankgewaschene Sterne in den Zimmern.« Kälte, schlaftrunkenes Erwachen, gefrorene Musik.

Capriccio: »Madame Clairon spielt eine karierte Klarinette. / Hören Sie? Die Töne gehen auf Pariser Zehenspitzen, / als wollten sie die scheuen Echos küssen.«

Kurzgeschichten: die Kapitulation vor dem Grenzenlosen. Auch haben sie ein Problem damit, daß Andeutung erst die eine Hälfte der Arbeit ist.

Feineinstellung: die langen Belichtungszeiten. Nur der lyrische, der genaue Blick hilft die Frage zu beantworten, warum die Frakturschrift im öffentlichen Raum nur an Fleischereien, Stammkneipen und Waffengeschäften übriggeblieben ist, und warum selbst die »Frankfurter Allgemeine Zeitung«, von niemandem offenbar bemerkt, die Drucktype ihrer Fraktur um Nuancen »lesbarer« gemacht hat. (Bevor sie sie ganz abschaffte.)

Kitsch: das Typische ohne Ausnahme.

Stecknadel: Wer nie in Sachsen Semmeln aß, weiß nicht, wie Schrippen schmecken.

Seine Haut – sein Sarg

Heraldik: Nautilus. (Das wassergefüllte Labyrinth)

[FLÜSSIGE ZELLEN]

»Das Segel, das sich ans Licht lehnt, / müde der Inseln« (Derek Walcott)

»Alle Pendel halten ein. August. Nur die Fliegen / treiben es bunter denn je – in ausgetrockneten Flaschen- / hälsen. Die Zeiger auf den Zifferblättern verschieben / sich wie Scheinwerferarme, die nach Engeln haschen« (Joseph Brodsky)

»Und geehrt bei den Karren war Fürst ich der Apfelstädte / Und außerzeiten verfügte ich Gänseblümchen und Gerste / In die Schleppe von Bäumen und Blättern / Auf Strömen des windabgeworfenen Lichts« (Dylan Thomas)

»Das Stillesitzen, deucht mich, bringt weder Ansehn noch Einsicht, / Nein, nur ein kümmerlich Dasein; drum lasse die Heimat und ziehe!« (Schehrezâd, 1001 Nacht)

»das glimmen das aus der nacht mit ihren haarrissen sickert« (Raoul Schrott)

»die aprikosenbäume gibt es« (Inger Christensen)

»Wie alltäglich dieser gehauchte Druck sich anfühlte, / Als die innere Hand des Wassers meine fand« (Seamus Heaney)

»Die Wäsche hing im Blauen. Die Mauern waren heiß. / Die Fliegen lasen mikroskopische Briefe« (Tomas Tranströmer)

»In unserem gesunkenen Schiff / Wurde der dritte

Tisch eingenommen / Vom feinen Mann der Finsternis« (Christopher Middleton)

»und / wie vermählte sich / danach / mit dieser bedrängenden kindlichkeit« (Gennadi Ajgi)

»Ich bin der Tintenfisch, verliebt in Gott, / Und deshalb wird mein Sehnen vergebens sein, / Bis mein Verstand, der in schwimmenden Schläuchen irrt, / Seine Dunkelheit verströmt und nach den Wogen greift« (Delmore Schwartz)

»Wenn du das wirkliche Blau suchst, / wirst du bald in der Tinte sitzen!« (Münchhausen)

»in seinem tübinger turm / bot er den besuchern / heu und gedichte an« (SAID)

»Das helle Alter – ein dunkles Abenteuer« (Vytautas Karalius)

»vom anemon bis in die knie / ein unausdehn« (Oskar Pastior)

»Wintertag: / Auf dem Pferd / gefriert der Schatten« (Matsuo Basho)

»Er baute sich eine Geige aus Glas, um die Musik zu sehen« (Wisława Szymborska)

»Ich darf nicht mehr rauchen. / Nimm mir ruhig das Buch weg. Ich kann auswendig / bis nach Sizilien sehen« (Rainer Malkowski)

»Was an dir mühsam ist, als Asche fällt es ab« (Hans Carossa)

»Die Zeit ist aufgebettet und glatt. / Sich hinlegen und einschlafen möchte man« (Uroš Zupan)

»Diesen Winter // als du kamst, / und ich Mandarinenschalen verbrannte« (Volker Sielaff)

»Und wie ein Räuber trottete mein großer Rotweinkummer hinter mir« (Milán Füst)

»… gäbe es einen Blitz, langsam / und zum Sterben / zart« (Philippe Jaccottet)

»-falch von der Farbe Meeraugen purpur, grünlichtgrau, / Licht-blaue folie einander vermehrender Liebfrauen Hibiskus- / blut-Tulpen« (Oswald Egger)

»Wohin geht die Bewegung? / Wo ist die allgemeine / Ruhe der Dinge?« (Mario Luzi)

»einst, vor Zeit und Aberzeit … Ihr schwebt, ihr schwimmt – wohin?« (Ossip Mandelstam)

»schneide die rosen, sie / beginnen zu denken« (Lutz Seiler)

»und drei weintrauben, silberverbunden: dein anzug, ein wunderbar quadratischer / kathedralenturm von uniform« (Marianne Moore)

»Der Elefant, der gestern im Traume Indien sah, / sprang aus den Ketten, wer hat, ihn festzuhalten, Macht?« (Rumi)

»Nester aus goldenem Haferbrei-Licht, verstreut über seidige Eichen / Kolben und Krusten davon, ihre Hochzeits-Truhe« (Les Murray)

»auf den scheiben bleiben die fingerabdrücke // als flecken, / in erwartung bläßlicher / wölfe, verschlingung« (Vasco Graça Moura)

»Einmal erwachen mit Schwimmhaut / am Herz« (Andreas Neeser)

»Das Meer war bitter ... Rauschen im Schnecken-Treppenhaus / wie die Erinnerung im leeren Haus« (Ágnes Nemes Nagy)

»Wie leicht / wird Erde sein / nur eine Wolke Abendliebe« (Nelly Sachs)

»Der Chinese / sieht die Sonne zum Vorschein kommen durch ein grünes Blatt / das in die Tasse gefallen ist. // Die Tasse, deren Inhalt / jetzt völlig klar ist« (Henrik Nordbrandt)

»Hell-schrecklicher Liebling, schlaf sanft« (Marina Zwetajewa)

»Das leben in den armen der wellen« (Archilochos, Übersetzung von Raoul Schrott)

»pompöser Kohl durchrast mein Eingeweide« (Paul Scheerbart)

»Ein sanfter Dezember tritt ein auf den Zehenspitzen, / Tannenbäume steh'n eingezäunt: in Mengen einbeinige Bräute. / Im Sud der Sterne, im sülzenen, planscht ein Jemand, wer weiß, / Wer da oben schwimmt, die Unmöglichkeit, ihn zu sehen, frißt am / Herzen wie Rost« (Olga Martynova)

»Zwischen weißen Wolkenfischen schleicht ein Jumbojet auf Zehen« (Ulla Hahn)

»ab- / gesackt, hinab, ist schon der mond / und di pleiaden. mitte schon, nacht- / rinne stunde. Als eine: muß ich schlafn« (Sappho, »sapphozuschreibun'. Nachtvorgang«, Thomas Kling, für Ute Langanky)

»Du unberührte Braut verfallner Ruh, / Des Schweigens Kind, von sachter Zeit umringt, / Waldiger tiefer Mund, wie fabelst du / Noch lieblicher, als es mein Vers vollbringt« (John Keats)

»Mein Spiegel ist von Herbstnebeln blind. Ich kann nicht / mehr in den Mai zurück« (Li Tai Pe)

»Man muß sterben, weil man sie kennt« (Papyrus Prisse, Aus den Sprüchen des Ptah-hotep)

»Man muß sterben, weil man sie kennt. Sterben / an der unsäglichen Blüte des Lächelns. Sterben / an ihren leichten Händen. Sterben / an Frauen« (Rainer Maria Rilke)

[STRÄNDE.
WASCHEN SCHNEIDEN KOPIEREN]

Lyrisches Sprechen: Bild oder bildlicher Raum. Dies
berührt das Problem, warum es so schwer ist, unserer
Zeit überzeugend in Prosa beizukommen. Im Rahmen
der Prosa beziehungsweise des »funktionierenden Romans« kann man nicht mehr »realistisch« sein, ohne in
der Langeweile zu landen: Zerfetzung der Welt in zer-
fetzter Prosa zu spiegeln führt zu »Textflächen«, bei
denen grundlegende Leseanreize wie Spannung über
Konfliktsituationen, plastische Figurenzeichnung, Plot
in der Regel auf der Strecke bleiben. Prosa beschäftigt
sich aber mit Menschen, und wenn schon mit Theo-
rien, dann mit denen der Figuren, nicht des Autors.
Charakteristisch für die Gegenwart ist ihre Schnellig-
keit, die Rhythmisierung vieler Lebensprozesse (Takt-
gebungen), die Vogelperspektive, die der Einzelne auf
Bezirke, die er der fortschreitenden Individualisierung
und Monadisierung wegen nicht (mehr) kennt, nur
noch haben kann. Außerhalb des eigenen Fachs leben
wir heute aus zweiter Hand. Verwischung des Indivi-
duums und des Individuellen in der gesellschaftlichen
Selbst- und Fremddarstellung (»Formate«), der Pro-
zeßcharakter (im Sinne von mechanisiertem, struk-
turiertem Ablauf) von immer mehr Daseinszweigen,
Schaltungen, Gleichschaltungen, Hologramme. Das
fraktionierte Ich, dessen Standortbestimmung (wer

ist »ich«?) lyrischer Natur ist, nicht mehr epischer Natur. Die Gegenwart ist lyrisch, Proustsche Langsamkeit und Ausführlichkeit kommt darin nicht mehr vor, jedenfalls nicht in unserem Kulturkreis, weshalb mich eher die lyrischen Versuche, sie in toto zu erfassen, überzeugen als die epischen – wobei ich unter »episch« hier die Romanästhetik des 19. Jahrhunderts verstehe; die des 20., siehe »Ulysses«, weist vieles für die Lyrik Charakteristische auf. Wer den Rhythmus unserer Zeit (die »beats«) darstellen will, muß Bewegungsabläufe erfassen, wodurch die Gefahr droht, daß er den Kontakt zu seinen Figuren verliert, was ihnen die Plastizität nimmt und der Prosa damit einen (für mich) unverzichtbaren Teil ihrer Anziehungskraft. Die darstellerischen Mittel dienen der Abbildung der auf jeweils mehr oder minder charakteristische Weise formatierten Welt, wenn man Realist sein will. Joyce ist in diesem Sinne Realist, die Prosa des 19. Jahrhunderts, die man so gern als »realistisch« einstuft, ist visionär; Balzacs Paris beispielsweise scheint mir weitaus weniger realistisch zu sein, als es manch unbefangener Leser gerne hätte: Die Wohnsituation Gobsecks, um nur ein Beispiel zu nennen, die in einem Zimmer aufgestapelten, aus lauter Geiz nicht gegessenen Kuchen sind doch ein vorwiegend surrealistisches Element. Lyrik in der Gegenwart stellt die Frage nach der Gegenwart in der Lyrik: Es gibt keine »freien« lyrischen Materialien. Rose und Schmetterling sind

keine lyrischen Elemente per se. Lyrik entsteht aus
dem lyrischen Blick, und für diesen kann alles Material sein, eine Coladose ebenso wie ein abgebranntes
Streichholz, ein Handy ebenso wie die Geste, die Dau-
men und Zeigefinger aneinanderreibend vollführen.
Es gibt keine Scheu vor der Art des Materials. Im Gegenteil, es macht Spaß, sogenannte widerwärtige Materien zu Macbethschen Textsuppen zu verkochen. Ein
Text, der Aldi oder einen Baumarkt in sich aufnimmt
und damit auch bewältigt/verdaut, wird zur Feier des
Daseins, denn es ist immer noch schöner, hoffe ich,
bei Aldi, Obi oder Saturn der Hektik ausgesetzt zu
sein und in der Kassenschlange zu warten, als in der
Stille einer Gruft zu ruhen. »Aufgabe« des lyrischen
Kochs ist es, diese Essenzen zu entgiften, aus Fliegen-
pilz und Schleim und Kassenquittungen ein auf seine
Weise wohlschmeckendes Gericht zu brauen. Denn:
Ins Gedicht gehört seine Zeit.

[SCHÄDELBASISLEKTION]
Durs Grünbein.

Mit einseitigen Urteilen kommt man ihm nicht bei.
Nur weil er viele Preise bekommen hat, muß er kein
schlechter Dichter sein. Ihn in Bausch und Bogen
abzulehnen ist wie Wasser durchzustreichen; ihn als
Götterliebling zu titulieren heißt die Götter unterschätzen.

»Grauzone morgens«, ein außerordentliches Buch.
Ich widerspreche damit Grünbein selbst, wie ich
einem Rückblick auf erste Werke, in der bemerkens-
werten (und leider eingestellten) Literaturzeitschrift
»Lose Blätter« erschienen, entnehmen konnte, in dem
er sich, zum Teil vehement, von eben diesem seinem
Erstling abwendet. Es habe keine Form, schreibt er.
Nein, es kommt nicht in Hexametern und Fünfhebern
daher, es kennt die Sterne offensichtlich nicht, unter
denen Sonette auf Leser hoffen. Es hat etwas anderes, einen so noch nicht gehörten, einen frischen Ton,
der aus der Musik des Buchs, in der auch manches
Notenblatt von Benn, Rilke und Mandelstam vor-
kommt, hervorleuchtet und seine Stimme, die eigene,
behauptet. Jedesmal, wenn ich das Buch lese, habe ich
aufs neue den Eindruck, daß hier eine Stimme nach
Ausdruck drängt und daß sie in den »vorgegebenen«
Maßen diesen Ausdruck, um den es ihr geht, nicht finden kann. An dieser Grenze aber beginnt genau der

Übertritt ins Neuland; das Segelhandbuch kann man in diesen Zonen, in die das Schiff geraten ist, nicht mehr brauchen, man muß die Anleitung beiseite legen, die Steuerleine fester fassen und sich aufmachen ins weiße Gebiet. Das Neue, das nach Ausdruck drängt, erschafft sich seine Form und seine Gesetze selbst, es handelt nicht nach alten Gültigkeiten, es schert sich nicht darum, was »man« gewohnt ist, was »man« darf und was nicht. Das vielleicht bezeichnet die Apelles-linie, die Kunst vom Handwerk trennt.

Durs Grünbein: »Nichts ist schlimmer als dieser tödliche Rückweg / Nach einer Schlacht, und der Gedanke daran / Wochen bevor sich der Feind gezeigt hat.« (Stimmt das übrigens? Nach meinen Kenntnissen haben sich Soldaten, wenn sie in die Schlacht zogen, weniger darum gekümmert, wie es zu Hause aussehen könnte, wenn sie wiederkehren, sondern darum, ob sie wiederkehren; der Soldat denkt an das Nächstliegende und träumt nur ungern) »Todfinster ist das Gesicht des Feldherrn, / Die Truppe erschöpft, kein Eilmarsch mehr möglich.« (Beginn von »Klage eines Legionärs aus dem Feldzug des Germanicus an die Elbe«, aus »Nach den Satiren«)

Thomas Kling: »diese photographie, dieses foto: fernanzeige 1916. durchs scherenfernrohr / getroffene: feststellungen, fernzündungen, spritzende brocken:

der erinnerung, / versteht sich. während sie sich photographieren läßt. während sie ansichten / im kopf hat, post aus nestern die im westen liegen, verschwimmend die bilder / ausm stand (unterstand); verschwommen aufspringende, hoch wegspritzende fontänen. außenaufnahmen. von männern gemachte menschnfontänen. erde // die als batzen steigt in nennenswerter geschwindigkeit. die in sich zusamm- / fallen während die luft bewegt aufm set und voller zungn. Ihr lichthals, hals / im atelier!« (»fernhandel«, aus »Der Erste Weltkrieg«)

[INTERMEZZO: FRAGEN AN EINEN DICHTER, SEINE GRÖSSE ZU PRÜFEN]

Was ist der Rohstoff seines Gedichts: Rhetorik (die ist für Hörsäle, den Bundestag oder Rednerseminare) oder das Bild?

Hat seine Kunst etwas Wildes, Ungezähmtes, Unberechenbares, durchaus auch Gewalttätiges, ein Quantum von jener bestimmten Art »Lebensschmutz«, die gern unter »Kitsch« vermerkt wird? (Große Kunst ist niemals nur »perfekt« und »richtig«, niemals nur »wohlgeformt«, »formsicher«.)

Kann er bestürzend schlecht (und oft gerade dort geradezu schmerzlich) ganz er selbst sein?

Reißt er sich und andere zu wirklichen Höhen empor?

Besitzt er die Gnadenlosigkeit, die Wut, die fassungslose Zärtlichkeit, die Weltumarmungsgesten, die Verzweiflung, die Lusträusche, die Stille, den grenzverneinenden, psychedelischen Griff ins Jenseits (wie Rimbaud)?

Knüppelt er mit vollen Segeln ums Kap Hoorn?

Fährt er ungeheuerliche, aber leuchtende Sägewerke auf?

Läßt er sich auf die undurchdringliche Finsternis des Menschenherzens ein?

Besitzt er das Selige, dabei tief Unschuldige, von den Vorzeiten der Menschenkindheit Wissende (wie Hölderlin)?

Die unnennbar herrliche, vegetabilische Zartflut (der Mayröcker)?

Sanfte, abgründige Ver-rücktheit (wie Inger Christensen)?

Weiß er, daß er im Grunde pathetisch ist?

Und hält er, ganz ironisch, sein Material kühl?

[ABER DOCH]

Durs Grünbein hat die »Veneziana« geschrieben, einen Gedichtkreis über Venedig, einer Frau gewidmet, und man spürt, daß er sie liebt.

»Wir suchten eine Fluchtburg, und ... Venedig / Hieß das Portal durch das ich eintrat, und dein Brustbein / War die Gewölbedecke unter der die Wolken zogen, / Gespiegelt von Lagunen. Dreifach ledig, / Die Stadt und du und ich, wir wußten, es muß Schluß sein / Mit allem Schlaf, in den die Hypnagogen, / Geschichte, Stamm, Geburtsland uns geschaukelt hatten. / War nicht die Inselgruppe eine Wiege / Für welterobernde Begierden? Halb Byzanz / Gehörte einmal dieser Seemacht, die im Grund durch Ratten / Gefährdet war und mehr als Glaubenskriege / Die Fäulnis fürchten mußte. Eleganz // War ihre Scheinfrucht, die sie den Verliebten zeigte. / Und so Verliebte waren wir, daß ihre Kais und Campaniles / Uns schneller atmen ließen. Gleich geblendet / Von Grazie und Gestank, verloren wir uns im verzweigten / System der Gassen, und erkannten uns. Es gab so vieles, / Wo alles anfing, hier, am wehen Ende.« (In der Buchausgabe statt »am wehen« »am kapitalen« Ende; ich finde »wehen« besser, schon aus rhythmischen Gründen.)

Großartige Lyrik. Hier ist Grünbein Kind und Ingenieur zugleich, wie jeder echte Dichter. Unaufdringlich, vielleicht hatte er das sanfte Schwappen der

Wellen im Ohr, vielleicht Berührungen, mit denen Liebende immer wieder sich ihres Glücks vergewissern müssen, an das schon niemand mehr glaubte – diskret und behutsam sind die Reime im Gedicht gesetzt, hier wird einmal nicht geprotzt und geprunkt, Bildung um ihrer selbst willen ausgestellt, sondern es wird gedient, der Künstler tritt hinter die Kunst zurück und jenen anderen Menschen, dessen Umrisse die farbigen Spiegel dieser Verse zeichnen.

»Ein Traum auf Schlamm und Schlick gebaut – wie hält das stand / Dem Andrang großer Fluten, langer Fieber? Marodeure, / Selbst tausendarmig, rafften niemals soviel wie das Meer, / Das hier an Eichenstumpen kaut. Wenn vor der brand- / Geschwärzten Oper Wellen schwappen und in Kirchenchören / Die Schimmelflecken menetekeln; wenn im Hin und Her / Der Gondeln, Lastenkähne, *vaporetti*, auf dem Fluß verstreut, / Zerbrechlichstes befördert wird, – Computer oder Damenschuhe; / Wenn man statt Schilf Palazzosäulen sieht, statt Uferbinsen / Rotweiße Pfähle und ein Postboot, leer, daran vertäut; / Wenn auf der Piazza plötzlich wie am Grund der Wundertruhen / Silberne Pfützen stehn, aus denen Goldfischaugen linsen; / Wenn jedes *callgirl* anderntags, das Haar naß, rein von Schande / Gewaschen über Brücken schmal wie Brauenbögen schwebt, / In einer *scuola* noch im feuchten Firnis badend als Susanna« – Dann sind es Verse, die ich liebe. Da geht jemand mit offenen Augen durch die Welt, die uns umgibt (hier heißt sie Venedig), da will jemand einmal nicht dekonstruieren, nicht zerstören, sondern etwas festhalten – und dafür empfinde ich Sympathie, denn sich gegen die Zeit zu stellen, die verrinnende, aus ihren unablässig mahlenden Strudeln etwas zu bewahren und dadurch einen kleinen, lächerlichen, donquichottesken, im eigentlichen Sinne anachronistischen Triumph – momentan – gegen jene zu erringen, der es offenbar niemals langweilig wird, immer nur zu siegen, letztlich: das ist doch eine der Aufgaben des Dichters, heute wie immer, wenn wir schon von »Aufgaben« sprechen, die der Dichtung zukommen. Ich messe ihr eine weitere zu, ebenfalls eine lächerliche: aus der uns umgebenden Häßlichkeit, aus der Zwietracht, dem Haß und der Verzerrung, aus diesem trüben Styx des Menschenwesens wenigstens ein paar Goldkörnchen Schönheit zu waschen. Ja, das ist pathetisch und wohl auch lächerlich, aber ich bekenne mich dazu; Lyrik treibt, neben anderem, Feuervergoldung des Lebens. Denjenigen, der behauptet, ohne Illusionen leben zu können, möchte ich nicht kennenlernen und nenne ihn einen Lügner. Schlimm genug, daß es heutzutage eine Öffentlichkeit gibt, die sich über Begriffe wie Sehnsucht, Seele, Heimat, Schönheit, Wunder mokieren zu müssen glaubt. Grünbein hat Freude am Leben, das teilt sich dem Leser mit, das ist ein Geschenk, denn Ärger im Leben haben wir genug.

»Venedig draußen zeigt, wie man auf morschen Bohlen / Luftspiegelnd überdauert, trotz der Runzeln, fern vom Land / Und doch *col tempo* mit den immer fluchtbereiten / Gedanken, die den eignen brüchigen Kadaver überspringen. / Denn nichts verliert sich wirklich, nicht die kleinsten Blasen / Im Sprudelwasser, nicht die Sepiaschatten in den Zimmertiefen, / Solange Blicke irren, Körper straucheln zwischen all den Dingen.«

Pure Lebenslust ist es, Einverstandensein mit der Welt, wenn er schreibt:

»Also dann, laß uns ausharren hier in dem feuchten Versteck, / Bis sie alle getürmt sind, die Brühe uns glucksend am Schienbein steht. / Ganz für uns sind wir erst, wenn Venedig, ein Tankerdeck, / Überflutet liegt und die Reisebüros annoncieren, daß nichts mehr geht.«

Oder:

»So vieles, was drinnen erstickt blieb, findet Echos dort draußen / Im verdoppelten Häusermeer, vor möblierten Aquarien, filigranen Balkonen, / Wo die Adria Kopf steht und Mollusken versteinert auf Kuppeln hausen. / Unsere Vorstellung läuft, wenn wir endlich an Bord des *Nautilus* wohnen.«

Da bleibt Verfasser dieses nichts übrig, als zuzustimmen. Beim Lesen dieser Verse denke ich, in Venedig zu sein, in diesen Zeilen eine Kammer zu haben, in der ich »Wenn es *schwapp* macht am Ohrensessel, im Salon die Waschküchenluft / Dir dein rotes Haar onduliert und Prousts Opus (kreuzweis gelesen) wellt. / Wenn das letzte Streichholz vor blauschimmliger Mauer verpufft / Und wir selbst überrascht sind, wie gut uns das Paar in den Pfützen gefällt.«, hören kann, bis ich das Türchen schließe, weil die beiden etwas unternehmen, das nur sie angeht.

Respekt, und: Seien wir froh, daß wir einen wie Grünbein haben; erstens schreibt er Dinge wie die »Veneziana« und die »Transpolonaise«, die Juvenal-Paraphrasen »Nach den Satiren« im gleichnamigen Band, die dunkel glimmende Alba im Band »Falten und Fallen«, zweitens glänzende Essays, drittens ist er einer, der Dichtung liebt und sich uneitel in ihren Dienst stellen kann, zum Beispiel in seinen Übersetzungen und Herausgeberschaften (Eugen Gottlob Winkler), und viertens gibt er uns Stoff, denn über welchen Kollegen sonst reden die deutschsprachigen Lyriker so gern und ausführlich, wo auch immer sie sich treffen.

[ARNIKABLÄUE]

Thomas Kling.

Lichtdünung, der tiefe Niederländerhimmel über
Hombroich. Thomas Kling ist tot. Er ist nur 47 Jahre
alt geworden. Zu Hause habe ich eine Postkarte aus
dem Kunsthistorischen Museum Wien, sie zeigt einen
Silberstater aus Ephesos mit der Darstellung einer
Biene; ich hatte diese Karte für ihn reserviert, wollte
ihm immer schreiben, daß er ein großartiger Dichter
ist, hatte aber Scheu und Furcht, daß er mich verachten könnte, wie er es mit so manchem tat, daß er es
nicht als Ausdruck aufrichtigen Respekts verstehen,
sondern als unangebrachte, womöglich anbiedernde
Schmeichelei mißverstehen könnte. Ich habe ihm die
Karte nicht geschrieben und bedauere es heute, da er
nicht mehr da und das Versäumte nicht mehr nachzu-
holen ist. Ich kannte ihn nicht persönlich, hörte nur
Anekdoten und Gerüchte über ihn, denen zufolge er
kein einfacher Mensch gewesen sein muß, aber das ist
Hörensagen und bedeutet mir nichts, denn wer von
uns Schreibenden ist schon ein einfacher Mensch. Es
quält mich, ihm nicht geschrieben zu haben. Mit ihm
hat die deutschsprachige Lyrik einen Jahrhundert-
dichter verloren, ein Genie, sprechen wir das Wort
aus, es ist hier am Platz, aus der Riege der Trakl, Rilke,
Benn. Ich weiß noch, wie ich seinen Gedichten und
damit ihm begegnete: In einem blauen Bändchen der

edition suhrkamp namens »geschmacksverstärker«
las ich »GESCHREBERTES IDYLL, FÜR MIKE FE-
SER«, einen Text von einer bohrenden und hellsich-
tigen Genauigkeit, wie sie Wut und Herkunftserlebnis
verleihen, mit unvergleichlichem Schmiß, Swiftschem
Humor und einer Rücksichtslosigkeit geschrieben,
die ich ebenso befreiend wie saftig fand. Manchmal
ist es schön, mit Galle statt mit Tinte zu schreiben.
»WARNUNG VOR TASCHNDIEM!«, ein Fanfaren-
stoß, mit dem »wien. arcimboldieisches zeitalter«
beginnt, Ernst Jandl gewidmet, so ging es also, wenn
jemand »ZUNGENBEPFLANZT; VOLLE KANNE«
schrieb. Von dem jungen Mann mit der verwilderten
Frisur über einem Gesicht, das Frauenzüge hindurch-
schimmern ließ und von dem doch, von den klaren,
eisenfarbenen Augen (in Wirklichkeit wahrscheinlich
blau, es war ein Schwarzweißfoto), der feinen Nase
und der verschlossen (»verschlossn« hätte er gesagt)
wirkenden Mundpartie mit der Narbe rechts, eine
leise Gefährlichkeit ausging, erst recht von der auf-
sässigen Zigarette am unteren Bildrand, die nicht so
recht zum Sakko passen wollte, das wiederum nicht
so recht zum Pullover mit den schwarzen Balken
darauf paßte, den er darunter trug; ein Wespenpullover, dachte ich – und von diesem jungen Mann im
Wespenpullover bekam ich rauhes Material zu lesen,
keine pseudoantiken Sandalenfilme, in denen, verzeihen Sie die Drastik, vor lauter Akademie kanneliert

gekackt wurde, hier wurde nicht der Weltraum be-
dichtet, Schmetterlinge, Rosen, Herzen voller Leiden
und Schmerzen, das zerrüttete Ich und die noch viel
zerrüttetere Menschheit, sondern »RATINGER HOF
ZETTBEH« mit dem (Benn zuzwinkernden) Motto »o
nacht! Ich nahm schon flugbenzin ...!«, ich las von
»BUSLADUNGEN: // puttengrün; / geharkter kies,
„DER RHEIN IN / FLAMEN!"; das moost so schön, /
das west! / betongestützte ritter- / burg, die schlößchen
schweinchen- / rosa; bengalisch abends: pavian / hin-
terteil; / filzlatschen kellerfarben / (muffige assemb-
lage); der stolze / kastellan! („den westflügel ham wir/
NEU renoviert") ... ein hochberühmter schreibtisch
/ (FOTOGRAFIERVERBOT); intarsien im / knebel-
bart, ein ahnengähnen; dauerhafter / ludwig nippes«;
las vom »FRUSTFUNK; GURKNMASKIERUNG: ...
lassense vor allem ihre / freundin in die röhre ku-
ckn, maskierte / gurke vornewech!« Hier sprach ein
»GEMÄHTER MUND«, aber was er trieb, war kein
Kahlschlag, sondern Rodung und Jätung, und der so
bearbeitete Bildgarten wirkte frisch, jung, kräftig; das
war r(h)einer Wein. Zum stillen Lesen waren diese
»deutschsprachign polaroiz« nicht gemacht (obgleich
sie dafür taugen und dem Fadenzähler standhalten),
sie suchten die Performance, den rasanten Sprechakt
der Bühne, das spürten wir Teilnehmer unseres kleinen Lyrikforums, das sich in unregelmäßigen Abständen, meist an Sonnabenden, bei Herrn Scholz-Nollau

im »LeseZeichen« in der Dresdner Neustadt traf, wo
es nicht nur Lyrik in erstaunlicher Menge und Qualität, sondern auch Kaffee und »KIRSCHKUCHN«
gab, den wir vor der Lesung von Thomas Klings Gedicht »SCHLACHTENMALER: HALBER KIRSCH-
KUCHN« teilten, um es anschaulicher zu machen. Ich
las einiges vor, nicht nur Texte mit steiler Geste, sym-
pathisch Auftrumpfendes; vor allem Alltagsgedichte,
in denen Kling seine/unsere überwiegend unspektaku-
läre Lebenswelt schildert, etwas, das meiner Meinung
nach bei diesem Dichter zu wenig gewürdigt wird: daß
er den Stoff seiner »Installationen« zuallererst aus seiner Umgebung gewinnt. Das spricht mich an, denn ich
bin der Meinung, daß der Unbekannte, der die Talente
verteilt, sie nicht deswegen nach Lübeck setzt, damit
sie über Tokio schreiben (was sie aber nicht davon
abhalten mag, Lübeck auch in Tokio zu entdecken).
Ich las diese anderen Texte vor, die sich ins Abge-
sunkene schälten, in die Trojas unter dem heutigen,
den Zyklus »DER SCHWARZWALD 1932« aus dem
Band »fernhandel«, den »DROSTEMONOLOG«, las
Teile des Weltkriegs-Zyklus, in dem Klings Sprache
einen ihrer 8000er erklimmt und in dem ihm etwas
ebenso Gefährliches wie Ungeheuerliches gelingt: Ril-
kes Diktum aus den »Duineser Elegien« »Denn das
Schöne ist des Schrecklichen Anfang« umzukehren;
eine Provokation, weil, hin und wieder, eine Wahrheit, der man sich unbefangen aussetzen sollte, ehe

man die Keule politischer Korrektheit schwingt – er verfolgt das Böse, das in uns steckt, bis an seine tiefste Wurzel: seine Erotik. Wir sollten keine Furcht vor heißen Eisen haben, vor unbequemen und schmerzlichen Wahrheiten, und eine davon ist, daß das Böse Erotik besitzt. Thomas Kling hat es gewagt, diese Erotik zu zeigen, und ist das (enorme, zumal in Deutschland) Risiko eingegangen, dieser Gorgo ins Gesicht zu blikken. Dafür bewundere ich ihn. Nach der Lesung war lange Schweigen. Die Dichterin Undine Materni sagte dann etwas, das ich nicht vergessen habe: »Das ist ein Liebender.« Da nahm einer die Tradition an, in der er stand und aus der er kam, die deutsche Kunst und Kultur mit ihren Wurzeln in der Antike, im Christentum und im Morganatischen. Da scheute sich ein deutscher Dichter nicht, ein deutscher Dichter zu sein. Das machte ihn mir lieb, denn auch ich bin hier geboren und nicht in Amerika, bin aus dieser Erde genommen – was weder Thomas Kling noch mich je gehindert hat, uns mit vielen Wassern zu waschen. Die Quelle aber hat jeder Schaffende dort, wo er herkommt, bei ihm war es Bingen am Rhein, Geburtsort Stefan Georges, mit dem Kling sich auseinandergesetzt hat, ungeachtet der Anfeindungen, die dem dichterischen Rang Georges doch nichts anhaben können, des Meisters, »der töten konnte ohne zu berühren«, wie Hofmannsthal schrieb, und dessen Sehnsucht nach einer Utopie, wie anfechtbar auch immer diese sein mag, belächelt und von arroganten Besserwissern abgeächtelt, aber doch nicht aus der Welt geschafft werden kann. Ohne Sehnsucht und Hoffnung sind die lebendig Toten. Kling kommuniziert mit zweitausend Jahren Dichtung, von Catull, Sappho über Oswald von Wolkenstein, die Barockdichter Moscherosch und Harsdörffer, die Romantiker, Platen, Leopardi, Trakl bis hinauf zur Wiener Gruppe, Reinhard Priessnitz, aber auch mit Manfred Peter Hein und Heiner Müller, dem er ein zauberisches Gedicht geschrieben hat: »HEINER-MÜLLER-ANEKDOTE // das sprechen: in Griebnitzsee wars nicht – / Köln, Belgisches Viertel, es ist die / rede hier von Normal-Müller, auch / Totenmüller zubenannt; dem lilienroten / volkslied, das aufging tief im osten, / weißer als eingeschriebenes papier. ein weiß // zerhacktes lied aus kriegen. Ich glaub: / es ist die rede von Normal-, vom Maschinisten-, / Totenvulgo Blumenmüller, aus lang / vergangnen tagen, so aus dem dreißigjährigen / krieg. Der als zigarrenasche, fein strukturiert, / sich niederlegt auf kühle junge morgenblüte.«

Kling, der Sondengänger, der Sprachgräber, der Umgangs-, Rotwelsch-, Fachsprachen-Fischer, der Lyrik-Kleist, der mit Kontaminationen arbeitet, um dem Material, das Benn immer »kalthalten« wollte, die Schönheit auszutreiben – zum Leser hin nämlich. Der es riskiert, ein Gedicht nicht beim Wort, sondern beim Bild zu nehmen und Bildergedichte im genauen barocken Sinn zu »schreiben«: Wir sehen Fotografien, die nicht »reden«, sondern zeigen und sich, hintereinander betrachtet, zu einer Geschichte fügen (»gefaltet beherrscht; di beherrschtn hände«, aus »brennstabm«). Kling, der Konstrukteur, der auch auf ein Funktionieren des Gedichts im besten ästhetischen Sinn achtet, indem er Parameter prüft, Rasanz, ballistisches Verhalten, Reibungslosigkeit in den Kugelgelenken und -lagern, Feldstärke des zentralen Magneten. Ich mag Gedichtbände nicht besonders gern, die bloße Sammlungen von Gedichten sind, die eben, wenn sie einen Fünf- oder Sechsbogenband ergeben, gebauscht und gebunden (heute: gestopft, geleimt, broschiert) werden; das sind Bücher von Buchbinders Gnaden. Ich liebe die durchkomponierten, in der Musik sagt man: Konzeptalben, welchen Begriff ich hier nur zögernd verwende, da »Konzept« leicht verkopft klingen kann. Daß diverse Materien, die Kling zum Beispiel in den Bänden »fernhandel« und »sondagen« vereinigt, bei ihm dennoch sinfonische Bücher ergeben, habe ich erst spät verstanden. Was scheinen Texte, die unter »FARNSAMEN« und »SCHIEFRUNDE PERLEN« auftraten, mit einer Elegie über Hombroich zu tun zu haben, in der Kling die vertrauteste, die nächste Umgebung mit dem fremden Blick betrachtet? Aber hier trieb einer Fährendienst und rettete vergangene Sprachen in seinen »Sprachspeicher«. »Schiefrunde Perlen«, das ist die Bedeutung des Wortes »barocco«, aus

dem wir den »Barock« gemacht haben; die Auseinandersetzung mit einer Stilauffassung (»KÜHLES GE-
MÄLDEGEDICHT«, »ALCHEMIE HEADSET«) und
mit verschollenen Ikonographien: Bei Kling tauchen
wieder Hexen auf, in »Auswertung der Flugdaten«
der Maler Grünewald und sein Isenheimer Altar – jene
Auseinandersetzung war nicht nur eine punktuelle,
sondern begriff die Zeit in ihren verschiedenen Spra-
chenkleidern als ein Kontinuum.

»Auswertung der Flugdaten«. Es ist sein letzter Band
geworden. Der wilde Dichter, der Sprachstürzer und
-bestürzer von einst mit Bühnengeste und Verachtung
für angepaßte Kunst, weil sie keine Kunst mehr ist, war
von Buch zu Buch, schien mir, ruhiger geworden, dabei präziser; er hat immer weniger Worte gebraucht –
aber die er brauchte, trafen wie Dartpfeile. »Manhat-
tan Mundraum« liegt schon nahe am Celanschen Ver-
stummen; hier gab es Engführungen von immer mehr
Material durch immer schmalere Trichter, entspre-
chend die in den Texten gebundenen Energien – die
Sprachzunge, Klings unverwechselbare lingua, tastet
rote Eisen ab. Ruhiger, das hieß bei ihm: härter. Er ist
der einzige deutschsprachige Dichter der Gegenwart,
dem das gelungen ist, was die ganz großen Künstler
auszeichnet: von Werk zu Werk jemand anderes zu
sein – und doch immer man selbst zu bleiben. In der
Musik trifft das auf Richard Wagner zu, der von Oper
zu Oper die Gattungsgrenzen verschob, ja, die Gat-

tung neu erfand und definierte, der die »Meistersinger« und den »Tristan« schrieb, die nur wir Klügeren heute, die wir beide Opern nebeneinander sehen, als Möglichkeiten ein- und desselben Künstlers begreifen können. Kling: Weltkriegs-Zyklus und Hombroich-Elegie, und beides großartigste Dichtung. Sprachmacht und Sprachzauber, Bilderflut und Bildakribie, große Leinwand und Kupferstich: all das ist zugleich vorhanden. Das konnte Kling eben auch: Gedichte ohne Schlacken schreiben, zeitlos und unfaßbar wie japanische Haiku, und dennoch wußte man nach einer Zeile: Das ist Thomas Kling. Probe aufs Exempel: die Nr. 11 aus der Hombroich-Elegie, Distelfinken, wie von einem Zen-Meister hingetuscht.

Kling, der Dichter. Er konnte unerbittlich zart sein. Ich sehe ihn mit seinem Hand-Werkzeug: Links trägt er einen Glacéhandschuh, rechts eine Kalaschnikow. Beides und beides zugleich ist in großer Kunst. Mag sein, daß er Marotten hatte, daß die typischen Klingschen Elisionen (die sich später übrigens mehr und mehr verloren) nicht immer notwendig waren; daß manche Happening-Attitüde den Blick auf die stillen Zonen seiner Dichtung verdeckte. Mag sein, daß Thomas Kling, angetan mit dem viel zu kurzen Jackett Ernst Jandls, auf manchen Beobachter befremdend und lächerlich gewirkt hat. Auf mich wirkt dieses Bild beklemmend, der Scherz überschattet von tödlichem Ernst, für den der herrschende Zeitgeist, der nicht begreifen kann, daß ein Mensch sein Leben an etwas so Nutzloses wie Dichtung hingibt, nicht viel Sinn hat. In unserer Zeit, in der echte Werke, das heißt: die diesen Namen vor dem Gericht der Überlieferung verdienen, sehr selten geworden sind, hat Thomas Kling ein echtes Werk geschaffen. Thomas Kling hat den »Gesang von der Bronchoskopie« geschrieben. Dieser erschütternde Text macht für mich den Band »Auswertung der Flugdaten« zu seinem menschlich größten. »So war dat / zu Neuss am Rhein«, Bilanz des Lebens im Dialekt der Kindheit, um die Schmerzen mit Kunst zu besiegen, immer noch. Sein letzter Gegner war einer, dem wir alle unterliegen. Wird es auch in Zukunft Raum für Poesie geben? Wird sie in den Herzen der Menschen fortleben? Werden die Dichter unsterblich sein? – Leb wohl, großer Liebender Thomas Kling.

[... SO RÄTSELHAFT WIE DIE KREISENDEN VENTILATORENSCHATTEN]
Onetti.

Das Vibrieren der Glühlampe inmitten der heftigen und harten Stimmen eines Sommernachmittags in Montevideo, ein Mann namens Brausen, der auf dem Sofa in seiner Wohnung liegt und den Geräuschen von nebenan lauscht – eine Kühlschranktür öffnet sich, schließt sich; es ist ihm, als ob er den Geruch abgestandener Nahrungsmittel wahrnähme; ein Splitter Kühle teilt (»plötzlich«) das Zimmer, der Vorhang zum Balkon hat sich gehoben, und Brausen weiß, daß Gertrudis, die Frau, der eine Brust abgenommen wurde und die den Bogen spannen wird auf ihn, der ihr Mann ist, nach Temperley gehen und daß er in die Wohnung der Queca eindringen, sein fremdes Leben mit in das ihre nehmen wird.

Wenn jemand immer wieder eine Cello-Saite anstreicht, dem Ton nachlauscht, lange Zeit später die nächste Saite wählt, erneut ein Ton, nur dieser, keine Folge: Ist es Musik?

Wir werden erwachen, wir werden schlafen –

[REISE INS INNERE DER TROPEN.
UNSENTIMENTALE SEEFAHRER.]

Conrad. Melville. Stevenson. Corto Maltese. Traven. Stifter.
Doktor Benn impft das Zwischendeck:

Auswandererschiff. Dort traf man diesen jungen,
schweigsam-untersetzten Mann. Hilfs-Schiffsarzt.
Ging bei Sonnenuntergang, mit Händen auf dem
                                        Rücken,
das glasbestreute Deck entlang, blieb stehen
bei den Tangos aus der Lounge, vom
                            Kurbelgrammophon,
und dann Westindien-Kitschprogramm, so
                        pflegte er zu sagen,
»es blinkt ein einsam Segel« – wir liebten
solche Melodien. (Man kann nicht immer
Preuße sein.) Da wuchs die Illusion vom Du und Ich:
Vielleicht ein Ohrgeräusch und weiter nichts … und
wenn die Sonne stieg: Dies Morgenrot, so sagte er,
verführt uns nur zu Träumen, in Wirklichkeit:
Welch Finsternis in diesem Licht.

[DÜNEN]

Ist die Lyrik tot? Sind die Zeiten für Lyrik, diese ver-
stoßene Prinzessin der Literatur, so schlecht geworden, daß die jahrtausendealte Tradition, der scheinbar
ununterbrochen gesponnene Faden der Überlieferung, abreißen konnte? Ich frage mich das manchmal,
weil ich sehe, daß das Fortschrittsverständnis nicht
nur der Lyrik, sondern der gesamten Literatur und der
Künste überhaupt hinfällig geworden ist. Wie können
wir heute noch neu sein, ist nicht seit der Klassischen
Moderne im Grunde alles gesagt, der Formenvorrat
aufgebraucht, laufen wir Heutigen nicht Gefahr, hinter die bedeutenden Leistungen der Vergangenheit
zurückzufallen, da wir nichts mehr zu bieten haben,
das der Revolution des bildnerischen Sehens etwa der
Kubisten gleichkommt, denn es ist nicht neu, sondern nur epigonal, wenn wir das schon Zertrümmerte
noch einmal zertrümmern. Und wenn wir es zu kit-
ten versuchen, landen wir wahrscheinlich bei falschen
Harmonien oder in der Ignoranz, Stichwort »Neues
Erzählen«, das als »neu« nur aus kommerziellen
Gründen oder lückenhafter Kenntnis des Vorhandenen bezeichnet werden kann. Ich denke, daß vor diesem Problem wahrscheinlich alle Generationen standen und daß die sogenannten großen Revolutionen
das Attribut »groß« unserer Helikopterperspektive
verdanken. Den »Teilnehmern« dieser Revolutionen

erschienen, soweit ich mich habe kundig machen können, die Dinge jedenfalls weitaus mühseliger und kleinschrittiger als uns heute, die wir mediale Schnittfolgen gewöhnt sind, die umstandslos ein ganzes Jahrzehnt unter den Tisch fallenlassen können. Was haben Braque und Picasso gerungen, und wie natürlich mutet ihr Bezug auf Cézanne an, in dessen Farbumgang, besonders in den Landschaftsbildern, der Kubismus schon hervorschimmert! Wie lange hat Kandinsky gebraucht bis zum ersten vollabstrakten Bild – und sind es die klassischen Stilleben denn nicht? Das »Stilleben mit Nautiluspokal« von einem der packendsten Meister der Zunft, Willem Kalf, ist genauso »abstrakt« wie eine von Kandinskys »Kompositionen«; der Unterschied besteht nur darin, daß Kalf für seine Abstraktion sichtbare Dinge verwendet. Kandinsky versucht nichts anderes, als Klangempfindungen zu visualisieren, und treibt damit grundsätzlich keine abstrakte, sondern realistische Malerei, denn das, was ich bei Bach höre, sehe ich bei Kandinsky. Ich bin überzeugt, daß Grünewald und Yves Klein sich viel zu sagen gehabt hätten, über alle Jahrhunderte hinweg, denn genau wie Grünewald spielt Klein das »Heimspiel« des Malers: die Farbe selbst, und nicht den von ihr transportierten Gegenstand, als Handelndes zu bestimmen, die Farbe selbst als das Lebendige im Bild zu sehen. Weswegen einer wie Baselitz auch gern seine Bilder »auf den Kopf« stellt, denn der Gegenstand des

Gemäldes ist nicht der Gegenstand. Auch sollte man nicht vergessen, daß diejenigen, die uns heute als unumstrittene Ikonen erscheinen, es in ihrer Gegenwart zumeist nicht waren. Ich plädiere in dieser Materie für mehr Gelassenheit, Vorsicht bei apokalyptischen Orakeln und für Interesse, will sagen: Kenntnisnahme des gegenwärtigen Schaffens. Einen wie Thomas Kling hat es denn doch noch nicht gegeben, auch eine Dichterin wie Friederike Mayröcker nicht; Lutz Seiler, Oswald Egger sind ganz und gar eigenständige Stimmen, und so etwas wie Les Murrays »Fredy Neptune«, ein Werk, das wohlweislich keine Gattungsbezeichnung trägt und am ehesten als Abenteuerroman in Versen zu bezeichnen wäre, ist in der gegenwärtigen Literatur ein Unikum. Die Lyrik sei tot? Nicht doch. Jeder, der ins Kino geht und ein Auge auf die eine Viertelstunde lang ablaufende Werbung hat, wird sehen, daß ohne lyrische Momente gar nichts geht. Werbetexter sind Sprachjongleure, oft sehr gute. Einen Klamottenladen »Chic-Saal« zu taufen erscheint mir nicht unlyrisch, ebenso der »Schmuckler« für einen Gruftie-Juwelier. Das »Zentralohrgan« in Dresden kann ich jedem Liebhaber wirklich abgefahrener Grooves nur ans Gehör legen. Die »Bar jeder Vernunft« führt Espresso, der den Namen verdient, außerdem vernünftig tiefe Dekolletés. Und wer sich je bemüht hat, den Strudel der weltbewegenden Ereignisse in ein einziges Wort zu prägen, wird in die Schelte von Volkes reichbebilderter

Stimme einmal nicht einstimmen – auf »Kahnsinn« für die Leistungen eines bekannten torhütenden Titanen muß man erst einmal kommen. Das hat Griff, Chuzpe, Schlagkraft, Schießpulver, kurz: Wirkung; das puncht. Auch das ist und kann Lyrik: den Nagel auf den Kopf treffen. Ich höre immer aufmerksam hin, wenn deutsche Rapper reimen. Es gibt auch da Unterschiede, gewiß, aber eine Zeile wie »So ist das Leben eben, es muß Beben geben« von den Absoluten Beginnern ist in ihrer Art unübertrefflich, auch wenn sie nicht durch die Feuer der sprachästhetischen Schützengräben gegangen sein mag. »Laß die Fin-ger von / E-ma-nu-eee-la« von Fettes Brot begleitete mich (eine Zeitlang) beim frühmorgendlichen Kaltduschen, und Chansontexte von Montand, Jacques Brel oder Jacques Prévert, von dem (gemeinsam mit Marcel Carné) der schönste Film aller Zeiten stammt, »Les enfants du paradis«, sind nicht deswegen schlecht, weil es Chansontexte sind. Lyrik kennt keine Voreingenommenheiten und keine bevorzugten Wohngegenden. Nicht selten ist sie in einer halbseidenen Absteige zu Hause, und man klingelt in den Sky Lobbies vergebens. Habe ich zu den [KOOKS] etwas zu sagen? Anfangs war ich ziemlich begeistert, das schien neu und frisch, unverbraucht, inzwischen allerdings habe ich den Eindruck, daß sie mehr Poetiken schreiben als Gedichte. Und aus diesen Gedichten haut mich inzwischen kaum noch etwas vom Ohrensessel. Sehr schlau vieles, aber wenig Bilder, die brennen. Nicht immer reines Deutsch, wenn man die Lupe darüberschiebt. (Und das soll alles sein? Damit will ich mich vor der Zukunft verantworten? Kein einziges Wort zum größten von allen, Gerhard Falkner, den so viele von uns überaus unterschätzen? Und zu Franz Josef Czernin? Gedicht als Dörrfisch und Wiener Zeugungsstreik. Metrik aus dem Wüstenbarock, der stammelnde Strophen-Corpus anmutig wie eine Krähe, als Schulmeister verkleidet. Mitten auf dem Pazifik totale Flaute. Seine … Commentarii sind zu empfehlen. Wie bei vielen Komponisten, die Belcanto ohnmächtig hassen, sind sie scharfsichtig und aus Vollblut-Kreide.)

– Noch einmal: Was ist und zu welchem Ende schreibt man heute Lyrik? Lyrik ist die stärkste weiße Magie, die ich kenne, denn die Musik, als ein Massenphänomen, das mißbraucht werden kann, ist schon graue Magie, sie scheint mir nicht mehr ganz so unschuldig wie Lyrik. Es gibt Musik von einer aggressiven Kraft, die aus zivilisierten Menschen blutrünstige Bestien machen kann, das vermag keine Lyrik. Magie existiere nicht, ein Köhlerglaube? Es gibt den Schlaf – und was, *wenn ich dir im Traum erschiene jede Nacht? / Denn Zauberer sinds, die uns den Schlaf zerstören / und lächelnd schöne Träume schenken.* Und dann gibt es ein Chanson von der Einfachheit und Magie der Wiegenlieder, manchmal ertappe ich mich, es vor mich hinzusummen: »La vie est brève / un peu d'amour / un peu de rêve / et puis bonjour. / La vie est brève / un peu d'espoir / un peu de rêve / et puis bonsoir.«

[SUCHMASCHINE. NAVIGATION]

*Handlungs- und andere Schotts. Figuren dürfen sich selbst
begegnen, manchmal müssen sie es auch. Horopter. Eine
überzeugende Figur soll, sagt jemand, auf glaubhafte Weise zu
überraschen verstehen. Das Einkreisen gleicht der Wanderung
einer Abtastnadel ins Innere einer Schallplatte. Findet sie dort
Wahrheit? Denn die Musik ist verklungen, wenn der Saphir im
Leeren vor dem Etikett pulst. Unterbestimmte Figuren, die sich
im Raum eines Kontexts bewegen und durch diesen konfiguriert
werden. Raum bestimmt Zeit. Entwicklung. Zeit bestimmt
Figur. Das Schwarze (al-Keme): Alchemie. Sprach-Nil, wir sind
in Ägypten, denn was wird ent-wickelt? Über Voraussetzungen.
Rand und Weiße Flecken. Wie man den Grenzen entkommt.
(Und: Ist das sinnvoll?) Was soll »Sinn« in dem, was man als
Figuren-Arena bezeichnen kann? Psychologie und Terror.
Maßstab und Vergleich. Operation, hörverbessernd.
Sieb & Mischung. Anfänge.*

Wozu Roman? Weshalb nicht beim Sachbuch bleiben?
Die Frage nach dem Autobiographischen, nach Ele-
menten von »Wirklichkeit« sowie deren quantitativem
Maß im fiktionalen Schreiben, Standard bei Lesungen
oder sonstigen vis-à-vis mit dem Autor, sollte mit einer Gegenfrage beantwortet werden: Warum wollen
Sie das wissen? Was ist der Zweck dieser Frage? Denn
allzu oft, für meinen Spürsinn, verbirgt sich hinter dieser Frage die Meinung, nur das Autobiographische,
das, gewissermaßen, faktisch Verbürgte, sei, was zähle;
Zutaten der Phantasie, der Erfindung, der Recherche
bloßes Beiwerk, im Grunde entbehrlich und ohne
Wert. Phantasie, so meint man, sei in der Wirklichkeit
nicht nachprüfbar – und wozu eigentlich wolle der Au-

tor gelesen werden, wenn nicht für die Wirklichkeit, für irgendeine Wirkung darin? Aber das, was man für »das Autobiographische« hält, ist nur die Verstümmelung unserer Erinnerungen, die Technik des Lebens, nicht seine ganze Wahrheit. Auch Schaltpläne wachsen organisch. In der Sowjetunion wurde 1919 gefordert, die Sprache im Sinne des »neuen«, streng rationalen Denkens zu reinigen. Gesäubert werden müßten auch dichterische Werke von ihren verschwommenen, gefühlsduseligen Wort-Bildern; wo Tolstoi in »Krieg und Frieden« schreibe: »Wolken gleiten über den hohen, unendlichen Himmel«, müsse es revolutionär und rationalistisch korrekt heißen: »Wolken bewegen sich durch die Atmosphäre unseres Planeten.«

Umgang mit Brüchen: Ein Dialog, eine Szene ist, nach Exposition, Durchführung und Reprise – es scheint mir nicht falsch, die musikalische Parallele zu bemühen –, an ihr gewiß vorläufiges Ende gekommen; der Autor muß nun damit fertigwerden, daß Menschen in der Wirklichkeit bruchlos agieren, Figuren auf dem Papier aber schon am Seitenschluß, wenn der Leser umblättert, vorläufig »enden« (mindestens, bisher, vielleicht werden elektronische Lesegeräte bald korrigieren); der Autor wird bemerken, daß zwischen Schluß der Szene A und Beginn der Szene B geschnitten werden muß – spätestens dort, im Schnitt, verläßt die Wirklichkeit des Buchs die Wirksamkeit der Autobiographie. Wie kommt man elegant durch diese

Schotts (denn Eleganz – noch natürlich wirkende Mühelosigkeit – ist eine Größe)? Manchmal, indem man Kapitelgrenzen markiert; aber das funktioniert nicht immer, bei genuinen Erzählern, bei genuinen epischen Werken weisen die Kapitel über sich hinaus – das, was in ihnen erzählt wird, ist nicht das, was sie erzählen, es ist Teil eines größeren, nicht nur motivisch-symbolischen Zusammenhangs. Eine meiner Lieblingsstellen, die nicht erklären, vielleicht aber ausdrücken kann, wovon ich hier zu sprechen behaupte: Joseph Conrad, »Herz der Finsternis« – in das Unnennbare, Furchtbare schickt Marlow, der Erzähler, immer wieder Blitze hinein, die aus scheinbar abweichenden, befremdenden Gefühlsregungen bestehen: »Er wurde jetzt vertraulich, doch ich glaube, meine teilnahmslose Haltung muß ihn schließlich verdrossen haben, denn er ließ es sich angelegen sein, mich darauf hinzuweisen, daß er weder Gott noch Teufel fürchte, geschweige ein bloßes Menschenkind. Ich sagte, ich verstünde ihn vollkommen, doch was mir fehle, das sei eine Anzahl Nieten – und eigentlich seien es Nieten, was auch Herr Kurtz vor allem entbehrte, wenn er es nur gewußt hätte. Indessen gingen jede Woche nach der Küste Briefe ab … ›Verehrter Herr‹, rief er, ›ich schreibe nach Diktat.‹ Ich verlangte Nieten. Es müsse Mittel und Wege geben – für einen intelligenten Mann. Sein Benehmen verwandelte sich, wurde sehr kühl, und plötzlich begann er von einem Flußpferd zu

reden ... Da war ein altes Flußpferd, das die üble An-
gewohnheit hatte, auf das Ufer hinaufzuklettern und
des Nachts durch die Station zu streichen.« Marlow
erzählt – »der Direktor von Handelsgesellschaften
war unser Kapitän und Gastgeber« – ein Abenteuer
seiner Jugend, eine Fahrt ins Innere der Tropen, immer wieder stockt das Erzählerschiff, »du calme, du
calme«, rief der alte Arzt, der Marlow vor der Fahrt
untersuchte; immer wieder gleißende Splitter in der
auf der schwojenden »Nellie«, gegen die dunkelnde
Stadt- und Landschaft der lichtflüchtigen Themse,
beschworenen Finsternis, »einer Wasserstraße, die zu
den entferntesten Enden der Welt führt«. Wie schreck-
lich muß eine Finsternis sein, in der noch Platz für ein
Flußpferd mit üblen Angewohnheiten ist! – Schotts
zwischen scheinbar rationalen Räumen, eingerichtet,
daß man darin wohnen kann, daß man überzeugt ist,
mit Ordnung den unaufhaltsam von der Sonne angezo-
genen Schleifen der Erde beikommen zu können – unsere Finsternis wird sehr hell und heiß sein –; Schotts,
die manchmal nur eine tobende Sekunde offenstehen
und gegen die irrationalen Winde »dort« nicht immer
fugendicht vernietet sein können; Bezirke, welche die
Figuren verändert passiert haben werden, schweigend
»danach«, aber mit den Schatten.

Wirklichkeit und Phantasma: So wie Menschen zu-
sammengesetzt sind (schneiden Sie Ihr Porträt längs
auseinander, vertauschen Sie die Gesichtshälften, ein

unbekanntes Wesen wird Sie anblicken), Vater, Mutter, Ahnen sich erkennbar und doch unkenntlich mischen, so sind es Figuren, nur daß sie sich, auf dem Papier, ihrer eigenen Schöpfung entgegentasten. Sie bewegen sich, werden mehr oder weniger plastisch erst im Lesenslauf, sind nicht gegeben, sondern (zunächst) vorgeschlagen, und sie werfen merkwürdige Schatten: Kreisförmig umgeben sie den eigentlich vom Autor gemeinten Körper, wenn das Scheinwerferlicht des inszenierenden Sinns senkrecht von oben, im Augenblick höchster Konzentration und operativer Aufmerksamkeit, auf sie trifft; elliptisch schwanken sie um ihre Schritte, wenn sie gehen, von den Außenbahnen des Geschehens nach innen getragen werden (wodurch übrigens?), verzerrt von den Fliehkräften (aber niemand sieht wirklich ihr Gesicht, selbst dem Autor, meine ich, geben sie nur Puppen von sich preis), wenn sie aus dem »spot« verschwinden (wie schwierig ist es, diese Klaviatur leise und mit der Suggestion von Vollständigkeit zu spielen; Meister dieser »Auswanderungen« – Wandererfantasien – sind Henry James und Marcel Proust; Nabokov, demonstrativ wie viele Gekränkte, weiß oft ein wenig zu gut Bescheid) – verschwinden, wie ein Maler in dem von ihm selbst gemalten Bild verschwindet, die letzten, den Betrachter genau interessierenden Fußspuren mit einer Schleppe aus Ablenkungen und stufenlosen Verzwergungen umnebelnd. Du mußt beginnen, heißt es – aber was endet, wenn man beginnt? Wenn Einflüsterung, wie Brodsky meint, ein Prinzip des Städtebaus ist, dann kann die merkwürdig wechselseitige Kraft zwischen schwappendem Figurenschatten und Figurenkörper zum Prinzip des Städtebewohnerbaus werden, sofern man unter »Bau« weniger das vollendete Werk als den Prozeß versteht. Endet, wenn etwas beginnt, der vorige Augenblick? Darf man ihn ahnen? Und was ist Ahnung, wenn nicht vor-gewußtes Wissen, die stromleitfähige Bahn, in die das Wissen nachschießt als interpretierte Erfahrung? Ich denke – um erneut anzusetzen – an eine Figur, Madame Londe aus Julien Greens Roman »Leviathan« (Green, den ich mir unwillkürlich, ich ahne nicht, warum, Pralinen aus einer Papiertüte essend, mit Hut, vorstelle); Green und Shakespeare, Balzac und Proust haben sich in Frauenkörper begeben und sind, soweit ich das beurteilen kann, bis heute die überzeugendsten männlichen Frauenschöpfer geblieben – wobei, das möchte ich auch selbstkritisch zu bedenken geben, ich womöglich nur deshalb zu diesem Urteil komme, weil die meisten Frauenfiguren dieser Autoren im Denken und Handeln Machthaber sind, was männlichen Lesern offenbar imponiert. Madame Londe also steht im Beginn des »Leviathan« am Pult (Green legt Wert darauf, daß es keine Theke ist) ihres Wirtshauses und erwartet Gäste, sieben Uhr hat es geschlagen, doch sie, die Gäste, erlauben sich die Ungeheuerlichkeit, noch nicht erschienen zu sein. Ein dickes schwarzes Buch, in dem die Namen und die Schulden geschrieben stehen, und eine Blumenvase werden von den Händen Madame Londes berührt – eine Blumenvase aus Zinn, soviel zum Licht; das Spiel der bewegten Schatten kann beginnen. Ein medizinischer Fachbegriff soll mir helfen, Horopter, er wird unter dem Stichwort »binokulare Tiefenkriterien« in der Augenheilkunde (und der Optik) verhandelt: eine gedachte Linie, auf der alle Punkte liegen, die auf korrespondierende Punkte beider Netzhäute projiziert werden; theoretisch ein Kreis, empirisch eine Ellipse. Mit unseren beiden Augen sehen wir leicht verschiedene Bilder, das Gehirn errechnet aus den Unterschieden zwischen beiden Netzhautprojektionen, wie weit Gegenstände entfernt liegen. Punkte vor und hinter dem Horopter erzeugen Doppelbilder, Tiefenwahrnehmung wird möglich (auch bei Tieren nachgewiesen, allerdings nicht bei Schildkröten). Madame Londe steht an ihrem Pult und macht sich ein Bild von Monsieur Guéret, den sie noch nie zuvor gesehen hat. Rasch findet sie heraus, daß er kein Geschäftsreisender ist (»… hatte er weder einen Überzieher noch einen Koffer bei sich«, so leicht, anhand dieser beiden Utensilien, waren früher Geschäftsreisende zu erkennen? Vorsicht) – freilich denkt sie nur an die sichtbaren Geschäfte, und es ist ein Urteil aus Erfahrung, also Schlußfolgern aus wiedergekehrten Augenblicken. Der Autor denkt über die Figur Madame Londe nach, die über die Figur (für sie aber »die Person«, »dieser« Guéret, dessen Namen sie noch nicht kennt und verzweifelt zu erfahren wünscht: der Aberglaube, daß man mit Namen Menschen bannen kann) Guéret und über sich selbst nachdenkt; der Autor behandelt sie aber auch als handelnd Handelnde (Vertauschen von »kleiner Blumenvase« und »dickem schwarzem Buch«). Die erwarteten Gäste kommen, vielleicht weil ihnen nichts anderes übrigblieb, denn Madame Londe hatte bereits, als äußerstes Mittel, die Gäste herbeizuzwingen, die Suppe auftragen lassen – das Einstecktuch des Kellners ist violett, und ob Blumen in der Vase sind, erfahren wir nicht. Die von Madame Londe erwarteten Gäste sind die, die eintreffen, das spricht für ihre Noblesse – wenn auch nicht viel davon übrigbleiben wird; dadurch, daß er das Erwartete eintreffen ließ, hat der Autor sie ihnen zugestanden; Freiheiten, die sich die Figuren nehmen, sind interessant, nobel in der Regel nicht. Madame Londe entwirft ihre Gäste, die sie zurückentwerfen, auf korrespondierenden und nicht korrespondierenden Netzhautpunkten. Wollen sie von Madame Londe entworfen werden? Warum von ihr und nicht vom Wirt eines anderen Gasthauses? (Aber in Büchern wie dem »Leviathan« gibt es »in Wirklichkeit« nur eines, in dem sich die Meridiane auch der »heimischen Küchen« kreuzen.) Schatten, die ihre Körper träumen. »Leviathan« ist auch darin ein gutes Buch, daß es uns zwingt, die Kraft des Begriffs »plausibel« zu prüfen. Was ist Plausibilität? Steht das irgendwo geschrieben? Was heißt es, wenn wir sagen: Dieser und jener Mensch, diese und jene Figur verhält sich »plausibel«? (Wenn ein Henker weiß, daß er nie auf einem »normalen«, christlichen Friedhof bestattet werden wird, sondern an eigens für ihn »und seinesgleichen« vorgesehenem Ort, wie wird er sich dann verhalten – plausibel? Verhält sich der Jongleur, der die geworfenen Bälle fängt, tatsächlich unplausibel? Wäre es plausibel, zu sagen, daß Genauigkeit Liebe – zum Opfer – auch beim Henker ist? Wie verhält sich der mobile Eisverkäufer, wenn er seinen Kleinbus abgestellt hat? Wenn Alain Delon in »Le Samouraï« vier Schlüssel braucht, um den Citroën zu starten, die Polizisten, die eine Wanze in seiner Wohnung installieren möchten, aber fünf für das Türschloß: Verhielt sich Melville als Regisseur plausibel, als er entschied, dies solle so sein? Ich nehme an, daß er entschied, und daß er lange darüber nachdachte. Jef Costello, gespielt von Alain Delon, antwortet auf die Frage, weshalb er töte: Weil ich dafür bezahlt werde.) Unsere Erwartungen sind die Schatten der Figuren. Die schattenlose Figur hätte, indem sie uns verrät, zum ersten Mal die Gelegenheit, unsichtbar zu sein. Das wäre nicht schön – oder schön in einem Nicht-Augen- und Nicht-Ohren-Sinn, und diese Wahrnehmung, Schönheit durch Abwesenheit und Verschließung, Schönheit aus der Bemühung, Leere

zu füllen, wäre zu untersuchen. Wenn Schönheit ist,
daß Symmetrie beginnen könnte … schweig, Autor,
dem Romancier wird sie nie gelingen, immer wieder
werden ihm Webfehler in den Dessins unterlaufen,
»menschliche« Knicks. Man kann sie, glaube ich, nicht
absichtlich erzielen (und dann treffen wie der Jäger ein
Wild), Schönheit: Strahlung aus den Brüchen der Ar-
rangements; nichts Übriggebliebenes und deshalb in
seiner Unzweideutigkeit Verletzendes, auch Banales,
sondern Potenz, Aufenthaltsgebiet von Möglichkeiten, Vor-Eindeutigkeit, Spiegel, der dem Betrachter
(denn um ihn geht es) mehrere gewünschte und be-
fürchtete Selbst anbietet. So daß Schönheit, die uns
dies: interesselos schön zu sein, mitteilt, um ein be-
stimmtes Maß unter jenem Eichstrich bleibt, mit dem
Gefährlichkeit, wenn nicht die Gefahr beginnt. (Wer
berührte ihn, diesen Eichstrich? Vielleicht der Schönheit dunkle Zwillingsschwester, die Ironie.) Kann also
eine häßliche Figur schön sein? Damit ist nicht ihre
körperliche Gestalt gemeint. Thomas Mann, der König der Karikaturisten, wird immer wieder dann
zweitrangig, wenn er glaubt, daß Äußerlichkeiten etwas über Wesenszüge sagen – als ob Figuren tatsächlich dadurch plastisch würden, daß man ihre Kleidung
oder ihre Frisur weiß. (Hat eigentlich jemals jemand
festgestellt, wie sehr er, im Grunde, aus dem »Bilder-
buch für artige Kinder« kam?) – Kann also, besser, ein
häßlicher Charakter schön sein? Er kann es nicht, aber

er hat es auch nicht nötig. Da ich »schöne Seelen brauchen Figuren, die sonst nichts zu bieten haben« für ein allzu eilfertiges Bonmot halte, das auch allzusehr die Tatsache verkennt, daß die Entfernung vom rosafarbenen Fliegenpapier des Klischees inzwischen für uns vielseitig trainierte und durch allseitigen Digitalismus ziemlich cool gewordene Fliegen ebenso preiswert zu haben ist wie das hemmungslose (und leider für viele sonnentrunkene, Schönheit mit Pheromonen verwechselnde Artgenossen tödlich endende) Hineinbrummen; – setze ich hinzu: Etwas so Seltenes wie Schönheit wird nicht dadurch wertlos, daß offensichtlich alle danach streben und offensichtlich niemand es bekommt oder schon hat. (Wenn das falsch ist, bitte melden.) Schönheit und Größe scheinen in einem bestimmten Verhältnis zueinander zu kreisen – aber nur ein häßlicher Charakter ist fähig zur Größe, sofern man unter Größe etwas erst zu Erwerbendes versteht; beim König, der König ist, wäre keine Größe, beim König, der König bleibt (oder wird), unter Umständen schon. Größe wäre demnach ein Dennoch; das, was sie vorstellt, etwas den Verhältnissen – zumeist widrigen – Abgetrotztes. Groß ist das Segelschiff, das die Dampfer schlägt; groß sind die beiden schlechtgekleideten Jungs aus der sowjetischen Provinz (Gidon Kremer und Philip Hirschhorn), die den baß erstaunten Dresdner Staatskapellmusikern die Bachschen Solo-Violinsonaten auswendig – und nachglühend wie

Brandzeichen – vorspielen; groß ist der Zwerg, den es im Riesen gibt. Beethoven scheint sich angestrengt haben zu müssen, wie die meisten Menschen, er scheint erreichbar, ein fehlbarer Mensch, der sich »hinauf«-trotzte (darin Schiller ähnlich, einem anderen großen Pathetiker) – bei Mozart scheint es nicht so gewesen zu sein (wenn man den Klischees und auch einem solch strengen Beurteiler wie Hildesheimer Glauben schenkt), kaum erkennbare Mühen, »alles leicht«; ein Gott, und den kann ein Mensch nicht erreichen; man kann ihn anbeten, nah ist er nicht. Mozart ist, im Gegensatz zu Beethoven, nicht groß (ist ein Riese »groß«? Beethoven ist der letzte Mensch, Mozart ist der erste Gott), er ist anderes, er ist mehr, er ist ewig. (Ich versuche, den Begriff »ewig« in seinem unverbrauchten, unpathetischen Sinn anzuwenden.)

Rand und Weiße Flecken: Gesetzt, daß Figuren keine aufrecht gehenden Namen sind; gesetzt, daß keine von ihnen dem Mythos auszuweichen vermag und es jeweils darauf ankommt, das Skelett des Mythos mit dem Fleisch der Gegenwart zu bedecken, wie Thomas Mann sinngemäß formuliert; gesetzt, daß die schwierig zu behandelnde Kategorie des »Lebendigen« in Prosa – jedenfalls der, die ich mir wünsche und für die ich bereit bin, Lebenszeit zu opfern – eine Rolle spielt (Bücher sind immer beträumtes Papier, nicht mehr, zunächst): dann wird in Prosa, deren Seiten diese Figuren wie magnetische Felder einschließen

werden, ein Sperrfeuer von Interessen herrschen, eine
Hölle der Wünsche. Etwas gibt es, das die Figuren
überragt, besser: durchragt, etwas, das von ihnen weg
und durch sie hinauswill, eine Triebkraft, die ver-
hindert, daß Figuren (und dieses Problem teilen sie
mit Menschen) einfach zu Hause sitzen bleiben und
»nichts tun«. (Wie es Pascal als Bedingung des Glücks
formulierte, indem er das Gegenteil als Ursache allen
Unglücks bezeichnete. Insofern sollte man sich hüten,
Gontscharows Roman »Oblomow« für ein unphilo-
sophisches Gleichnis der Faulheit zu halten; abgesehen davon, daß mit »nichts tun« alles gemeint sein
dürfte, das zur elementaren Lebenserhaltung dient,
wäre es natürlich eine der Erscheinungsformen von
Freiheit, nichts zu tun.) Jede dieser Figuren, sobald
sie die (starre) Setzung ihres Beginns (meist ein Name)
verläßt, emigriert aus dem, was nur ihr bekannt ist,
in die Sphäre der aktuellen Szene – aufgefordert dazu
vom Körper, der zur Tarnung dieser Aufforderung
(dieses Befehls) die Rekruten seiner Kaserne Geist
vorschickt. (Wir reden über freien Willen und damit,
zwangsläufig, auch über Klischees, denn die sind dort,
wo kein freier Wille mehr ist – wenn Pierce Brosnan als
Agent 007 in »Die Welt ist nicht genug« in einer Szene
unter Wasser beschließt, seine verrutschte Krawatte
geradezurücken, sind wir mit ihm beim freien Willen, womöglich sogar beim Stil, nicht beim Klischee,
wenngleich die Szene für Bond typisch ist.) Und was

besagt, nebenbei, Klischeevermeidung schon, außer, daß einer ein aufmerksamer Vielleser ist? Sind Figuren Marionetten – und was passierte, wenn es gelänge, die Fäden ganz zu durchtrennen? Im fertigen Roman gibt es keine Freiheit mehr, das unterscheidet ihn vom wirklichen Leben, wie schon mancher Autor zu seiner Verblüffung und auch Befremdung feststellen mußte: Der Mensch, den man in eine Figur verwandelte, die starb, hat es doch tatsächlich fertiggebracht, weiterzuleben. Keine Freiheit im Sinne von Unvorhersehbarem – alles, was im Buch geschieht, geschieht auf die einmal gedruckte Weise; jede Figur hängt an Marionettenfäden, nur wird der Autor, wenn er gut ist, das bis zur Unkenntlichkeit zu tarnen verstanden haben, die Bewegungsabläufe seiner Figuren werden hinreichend flüssig sein. – Mit der Bemerkung, daß mich am Western immer die Nachbarschaft von Lachen und Töten interessiert hat, möchte ich noch einmal zum Universum des »Leviathan« zurückkehren. Entwirft der Autor eine Szene – oder wird sie ihm entworfen von Figuren, die soviel Selbständigkeit und Eigenwillen entwickeln, daß sie eher den Autor an besagten Fäden führen als er sie? Wieso beginnt sich Madame Grosgeorge für Guéret zu interessieren, kann man das erklären? Wir betreten eine Arena der Abhängigkeiten (Fäden auch in diesem Wort), über der eine schwarze Sonne scheint. Leid, als äußerstes, trifft alle Figuren. Der berühmte Ausspruch Mephistos, Antwort auf

Fausts »Wer bist du denn?«: »Ein Teil von jener Kraft,
die stets das Böse will und stets das Gute schafft«, hat
mir nie recht eingeleuchtet; er stimmt mit der Le-
benserfahrung nicht zusammen, nach der es heißen
müßte: Teil von jener Kraft, die stets das Gute will
und stets das Böse schafft. (Traf noch keinen, der sagte:
Ich will Böses.) Aber wenn das Leid das Äußerste ist,
was ist dann das Innere? Schicksal? Verhängnis? Oder
Wunsch? Figuren, die wirken (und Wirkung geht nach
draußen), werden spüren, daß einer der sogenannten
einfachen Nenner: Verzweiflung, Eifersucht, Haß,
Liebe als Zugkraft an den Fäden arbeitet, die, gleich
Nervenenden, hin zu anderen Figuren (oder Menschen) führen – und sie werden nicht selten beginnen, nach einer Zentripetalkraft zu suchen, und wäre
es nur die, daß ein fremder Befehl als das Echo einer
eigenen Stimme gelten kann. Rein zu hassen und zu
lieben wäre ehrlich, nur gelingt es den wenigsten, man
findet das so selten wie alle Reinausprägungen. Beim
Menschen, und also beim Figurenwesen, haben wir es
mit Braukunst zu tun, Misch-Empfindungen domi-
nieren, jedes Feuer enthält Splitter von Kälte, in jedem
Stück Eis gibt es einen Augenblick Wärme. Green beschreibt das in einem unvergeßlichen Nachtbild: Guéret hat seine liebevoll gemeinten Schläge eben Angèle
zuteil werden lassen, diesem finsteren Engel, der/die
als Büglerin tätig ist, wenn er/sie nicht, von Madame
Londe zuhälterisch betreut, als Prostituierte arbeitet;

Guéret tappt durch die Straßen, über die den ganzen Tag der Wind die dürren Blätter von der einen auf die andere Seite getragen »oder sie über die reglose Oberfläche der Sommeillante verstreut« hat (wieso »reglose Oberfläche« bei Wind?); »Der Himmel verbreitete einen gleichmäßigen Schein, und es gab keinen Zweig, der nicht auf den Boden seine klare, wechselnde Linie zeichnete, die der Wind nicht auszulöschen vermochte. Nichts ist köstlicher als diese ersten Herbsttage, an denen die von den machtvollen Brandungswellen bewegte Luft einem unsichtbaren Ozean gleicht, dessen Wogen sich in den Baumkronen brechen, während die Sonne über all dem Tosen, all dem Tumult noch der kleinsten Blume ihren eigenen Schatten gewährt, der bis zum Abend hin rund um ihren Stengel kreist«. Guéret ist »außer sich« – jener, dem Zärtlichkeit stets zupackend gerät, hat ihn und die kontrollierenden, zurückhaltenden Fäden verlassen und einen alten Mann erschlagen, in dem er einen Spion vermutete; jedenfalls währt das Blickwechseln zwischen dem alten Mann und dem »anderen Guéret« einen Moment zu lang, jene Sekunde, die manche als Beginn der Frechheit empfinden, da Erkennen möglich wird. (Über das man auch lachen könnte, aber nicht will.) So schlägt einer manchmal einen andern tot. Und muß, im nächsten »Moment«, den Anblick von Kohlehaufen ertragen: »Mitten auf dem Hof lagen drei etwa gleich hohe Kohlenhaufen, deutlich voneinander geschieden trotz

des langsamen Rieselns von oben her, das ihre Spitzen
abplattete und sie mit der sich vergrößernden Basis
einander anzunähern suchte. Alle drei reflektierten
machtvoll das auf sie fallende Licht; eine frisch mit
Gips beworfene Mauer hätte nicht weißer wirken
können als die dem Monde zugekehrten Hänge dieser
Kohlengebirge, aber während ein Gipsverputz stumpf
aussieht, blitzten die diamantenen Flächen dieses Ge-
steins wie bewegtes, schillerndes Wasser. Durch ihr
gleichsam erstarrtes Gleiten hatten die Kohlenmas-
sen etwas Befremdliches; sie schienen zu atmen wie
Wesen, denen das magische Nachtgestirn für ein paar
Stunden ein geheimnisvolles, bestürzendes Leben ver-
lieh. Der eine der Haufen hatte an der Seite eine lange
horizontale Einbruchstelle, in die kein Licht fiel und
die einem lautlosen Lachen in einem metallenen Ant-
litz glich.« – Kohleberge, weiß wie Klippen im Licht.
Wo, an welchem (tiefstem oder höchstem) Punkt gäbe
es eine Idee von Erlösung? Wer wird erlöst? Madame
Grosgeorge im Haus »Mon Idee«? Und wovon? Von
ihrem Sadismus? Was bedeutet Erlösung? Wäre es
eine Reise zur Reinheit, denn Mischtriebe regieren
unsere Universen? Dann wäre sie ein Nein zur Welt –
und ein Ja zur »Hand von oben«, die in der Welt vielleicht nichts mehr zu tun hat (ich ahne, daß in diesem
scheinbar leicht hingeschriebenen Wort »vielleicht«
die ganze Theologie stecken könnte – mindestens die
der Bedürftigkeit und, eine ihrer schlechtgekleideten

Schatten, die der Rechtfertigung). Und wenn es sie nicht gibt? Das hieße, eine Welt ohne Rettung – das Herz aus Finsternis – zu ertragen.

In der dennoch gebaut wird. Wie?

Eine der vielen Verbindungen zwischen Architektur und Dichtung ist der Entwurf. Wie wird der Entwurf mit dem Problem fertig, daß jeder gezeichnete Strich, jedes geschriebene Wort zugleich Grab und Auskunft aller nicht gezeichneten, nicht geschriebenen Worte ist? Also mit seinem Egoismus, der nach Fest-Stellung drängt, obwohl die Traumschwingungen des Vor-Entwurfszustands das sind, was elektrisiert. Figuren bewegen sich wie Agenten im literarischen Raum, der ihnen unvertraut ist, auch wenn er ihnen vertraut zu sein scheint. Madame Londes Restaurant ist auch für Madame Londe Feindesland, unbekanntes Gebiet, in dem sie mit der Vorsicht eines Kundschafters operieren muß. Literarischen Raum zu verstehen heißt verstehen, wie Form aus den Bedürfnissen der Gesellschaft entsteht – wobei ich hier unter »verstehen« verstehe, Welt in ein der Sprache zugängliches System, einen Modell-Körper, zu überführen (der Blutkreislauf dieses Körpers wird einer Hand-Schrift gleichen: »be-greifen«). Christopher Alexander, ein führender Entwurfs-Denker der Moderne, erzählt, wie und warum er als junger Architekt einen ehrenden Auftrag in Indien ablehnte: »Ich verstand die Inder einfach nicht gut genug, und es schien mir daher absurd, für sie zu bauen.« Muß

man – um die Parallele weiterzuverfolgen – Menschen
verstehen, wenn man über sie schreiben will?

Mir wäre es nicht möglich, unter dieser Prämisse
mit der Arbeit zu beginnen. Ich weiß nichts vor dem
Buch, dem Kapitel, dem ersten Wort. Figuren tauchen
auf – ein Name, ein Mantelschwung, »etwas ist geschehen«, »jemand ging vorüber«. Eine Figur zu verstehen wäre ein problematischer Idealzustand, wenn
man unterstellt, daß sie, als geschriebenes und der
Sprache zugängliches System, ohne Rest, ohne Diffe-
renz aus ihren vom Autor zur Verfügung gestellten
Ursachen-Mustern wirken würde (das ist kein Wider-
spruch zu den Marionettenfäden oben: ich gebrauche
den Begriff Marionette nicht im landläufigen, leicht
abschätzigen Sinn). Problematisch: wenn ein Autor
(oder Leser) meint, etwas lasse sich – grundsätzlich –
erklären; es gebe tatsächlich so etwas wie mögliche
Schlußfolgerungen zwischen A und B. Ich sage lieber:
einer Figur näherkommen, indem man ihr (als Autor
wie als Leser) aufmerksam folgt durch das Buch (dann
wären die Wege aller im Text vorkommenden Figuren
ebendies: das Buch). Näherkommen, und das heißt
nicht: Wissen. Man bewegt sich beim Prosaschreiben
auf höchst unsicherem Terrain; als wäre man in ein
Haus geraten, dessen Dielenbretter in Wahrheit Balken von fein austarierten Wippen sind, die bei der ge-
ringsten falschen Gewichtslage den Unvorsichtigen
mitten in perfide Angelegenheiten kippen. Stichwort

Angemessenheit; Pound schreibt: »Wenn die Worte einer Wehklage in den Rhythmus und das Zeitmaß einer Schnulze gesetzt sind, hat man entweder eine vorsätzliche Parodie oder erbärmliche Kunst«. Pounds Bemerkung aber setzt voraus, daß man die Dinge kennt. Kennen wir sie? Was ist Wehklage, wodurch wird sie zur Wehklage? Und hier muß man sich sehr hüten, denn wir sind wieder beim Klischee. Wenn wir's recht bedenken, wird Wehklage (dichterisch) zur Wehklage, weil der Dichter zu wissen glaubte, was wehklagen heißt: Tränen und exaltierte, von wankenden Händen begleitete Nachvorneklapp-Bewegungen, wie man sie von schwarzgekleideten Frauen, oft mit Kopftuch, aus älteren russischen oder sizilianischen Melodramen kennt (und schon sind wir beim Film), Seufzen und Schreien, »Außersichsein«. »Verbrecher haben keine geistigen Anliegen«, schreibt Pound. (Manchmal entpuppt sich Lyrik, soviel zu ihren Nachteilen, als metrisch gewandetes Bescheidwissertum, nicht immer glücklich.) Verbrechen *ist* ein geistiges Anliegen, wenigstens in seinen gesellschaftlich relevanten Ausprägungen. Man geht nicht fehl, wenn man behauptet, daß die Geschichte des 20. Jahrhunderts eine der im Namen des Menschen begangenen Verbrechen ist. Die russische Revolution planten Intellektuelle, und auch im Faschismus waren die »revolutionären Subjekte« weniger die stets beschworenen Proletariermassen als radikale Fraktionen der Intelligenz. Für einen Romancier sind in diesem Zusammenhang einige Fragen interessant: Wer ist ein Terrorist? Was prägt ihn, wodurch ist er zu dem geworden, der er ist? Was ist Terror? Wie und worin zeigt er sich? Studiert man die Biographien »führender« Terroristen, wird man bemerken, daß *Kränkung* ein wiederkehrendes Element ist, verbunden mit übersteigertem Ego und Sendungsbewußtsein. Skrupellosigkeit, die Erfahrung, daß Gewalt die normale zwischenmenschliche Mitteilungsform sei, die Überzeugung, daß der Zweck alle Mittel heilige, kommen dazu. Stalin wurde von seinem Vater, einem Alkoholiker, regelmäßig verprügelt; auch seine Mutter tat dies nach Kräften. (Als Herr der Sowjetunion fragte er sie, warum sie ihn immer so hart geschlagen habe, sie antwortete: Deshalb bist du so gut gelungen.) Die Parteikasse füllte er später, er nannte sich noch »Koba«, als Gangster bei Raubüberfällen. Es gibt eine grausige Anekdote von Kokoschka, der sich vorwarf, schuld am Zweiten Weltkrieg und an der Machtergreifung Hitlers zu sein – er, Kokoschka, habe damals den Platz des abgelehnten Hitler an der Wiener Kunstakademie bekommen. Ego und Kränkung, die stellvertretend geschieht und als eine der »höheren Instanz«, Gottes oder der Geschichts-Gerechtigkeit, stellvertretend empfunden wird; der Terrorist wird sich als Sendboten sehen, als Werkzeug einer (vorläufig) nur von ihm lesbaren Weltbestimmung. Er wird lange bei den Eltern (und

auf ihre Kosten) leben, denn er muß sich ja um die
Welt/die Revolution und nicht um Läppisches wie einen bürgerlichen Beruf kümmern – und wenn er sich,
eher hinausgeworfen als freiwillig, um eine eigene Un-
terkunft bemüht, werden möblierte Zimmer zur Un-
termiete bei alten Witwen oder Hinterhof-Höhlen, zu
denen man von betriebsamen Straßen eintaucht, seine
bevorzugten Domizile sein (auch wenn kein Geld-
mangel herrscht, wird ihn der Wohnungstyp Höhle –
Bunker – anziehen). Seine soziologische Orientierung
geschieht an männerbündischen Lebensweisen. Alles
Soldatische wird ihn faszinieren, denn der Mann unter
Waffen ist, erst recht im Krieg, die äußerste Konse-
quenz der soldatischen Lebensprägung, ist der Mann
in der existentiellen, und das heißt: kein Drittes zulas-
senden, Entscheidungssituation. Deshalb sekundiert
seine Vorliebe für schweres, hochbeanspruchbares
Schuhwerk auch der für »Ausrüstung« überhaupt,
seine Neigung zu leergeräumten Räumen korrespon-
diert mit der zu Bergsteiger-, Marine- und Waffenar-
senalen sowie mit einem Bewußtsein, das man »tragisch« nennen kann: Er ist einer, der nicht versteht,
wieso die Vergangenheit keine Rolle mehr spielt. Ist er
ein Träumer? Wenn ja: Wie sieht er die anderen Menschen, und was tun sie in seinen Träumen? Er wird die
größte Angst vor dem Leben haben, und deshalb faßt
er den Mut zu dieser Angst. Er übersteigt sich kraft
einer gedanklichen Instanz, deren Verfassung ein stoi-

sches Patriarchat erarbeitet hat. (Viel wird sich nicht daran ändern; »im Grunde« – »nichts«.) Denn er, der Terrorist, sehnt sich nach einer Vaterfigur, nachdem sich der eigene Vater durch das, was viele Söhne beklommen macht, viele nicht verzeihen, wenige mitfühlend verstehen, verabschiedet hat: Schwäche (mein Gott, soviel Schwäche nach soviel Prügel, und das soll man auch noch nachsehen); er sehnt sich nach Anerkennung: »Anerkennung. Stalin. Lehrer«, lautet ein bezeichnendes Notat des Herrn der Sowjetunion. Den nicht genügenden Vater wird er sich zunächst nach seinen Wünschen modellieren, dann, da die Realität die Lehrmeisterin der Vorstellungen bleibt, verachten und schließlich töten – auf eine Weise, die der Exkommunikation der Christenkirche gleicht. Er fordert Erklärungen für das Sterben – und philosophiert darüber, ob es angehe, eine »nutzlose« Zimmerwirtin, »eine menschliche Laus« zu zertreten, wenn man dadurch freien Weg bekomme, »ein Napoleon« zu werden. Er wird charmant sein, wenn er will, seine grundsätzliche Furcht Frauen gegenüber durch Galanterie und besonderes Zuvorkommen sublimieren, was zugleich bedeutet, daß sie in seinen Plänen, genau betrachtet, keine Rolle spielen: Galanterie kann eine Form von Herablassung sein, indem sie, wo sie nötig zu sein scheint, eine Anerkennung bestehender Ungleichheit umschreibt. Doch da er ein Usurpator der Zukunft ist – einer, die tief im scheinbar heilen, doch nur beru-

higten Bergwerk Vergangenheit lebt –, da er die als
lästig empfundene Gegenwart überspringen, da er un-
geduldig zur Großen Geduld von seines Utopias ewi-
ger Gegenwart vordringen will, wird er den Begriff
Rücksichtnahme nicht schätzen; er wird, aus tak-
tischen Erwägungen, so tun als ob; er leistet sich die
Galanterie, dem »schwachen Geschlecht« (die Be-
zeichnung stammt von seinesgleichen) hoch zeremo-
niell seine kostbare Zeit zu schenken – und schickt,
wenn er es zum »Führer« gebracht hat, achselzuckend
die Söhne ebenjener in den Tod, denen er auf das ga-
lanteste die Hand küßte. Keine »demokratische Ver-
wässerung« wird ihn von der von ihm als Grundwahr-
heit erkannten Überzeugung abbringen, daß der Krieg
der Vater aller Dinge und die Welt von Dämonen re-
giert sei, daß Aufklärung und Vernunft heroisch, aber
Zeitverschwendungen sind. Er gehört zu denen, die
sich langweilen – und nach Abwechslung verlangen.
Zur intensiven Spielart der Abwechslung, der Varia-
tion des eigenen Selbst, ist er zwar fähig (die meisten
Terroristen sind gute Schauspieler und regelmäßige
Theatergänger), aber nicht willens im Moment der
existentiellen Entscheidung. Er ist nicht uneitel genug
für Ironie. Die extensive Spielart – Weltzerstörung,
Weltverschleiß – hält er für notwendig und menschen-
beglückend, da er außerstande ist, sich die anderen
Menschen anders als sich selbst vorzustellen. Pathos
als Programm. Er ist außerstande, in Distanz zu sich

selbst zu existieren (wie der Ironiker; es ist ein Irrtum zu glauben, daß der Schauspieler der Ironiker per se sein müsse) – weshalb er, so gut er kann, alles zu vermeiden versucht, das ihn als »normalen Menschen« kennzeichnen könnte: Brillen, Vergeßlichkeit, Schuppen auf der Schulter; »ein Führer geht nicht auf Toilette«. Er wird Machiavellis Buch vom Fürsten gut kennen und die kleinen, großen Träume der meisten Menschen. Das Besitzbürgertum, mit dem er des Geldes wegen kooperieren muß (er haßt es, weil er nicht dazugehört) durchschaut er insoweit, daß er gezielte Geschmacklosigkeiten, die von den gelangweilten Verwalterinnen der Hausstände als spannende Provokationen gerade noch goutiert werden können, zu begehen imstande ist; überhaupt wird er sich viel mit dem Wörtchen »fast« beschäftigen. Während sein Autor an Lady Macbeth sowie an den Umstand denkt, daß ein Terrorist noch nicht einmal drei Käse hoch sein muß.

Und ich habe immer noch nichts darüber gesagt, wie und wodurch Figuren in ihren Handlungsräumen bestimmt werden, die Abhängigkeit der Figur von ihrem soziologischen Umfeld: Menschen, die, wie im real existierenden Sozialismus, nach den leider nicht real existierenden Dingen herumrennen müssen, werden andere Erlebnisse haben als Menschen in der sozialen Marktwirtschaft, wo es genügt, ein paar Telefontasten zu drücken, um eine Pizza zu bestellen, die im

Osten als »mit außergewöhnlichen Zutaten bestückte
Teig-Scheibe«, abgekürzt Mazbet, bezeichnet worden
wäre, hergestellt nach einem unter Lebensgefahr ein-
geschmuggelten italienischen Kochbuch-Rest. Noch
nichts, im Zusammenhang mit den soziologischen
Räumen, darüber, ob das sogenannte Authentische
für sich genommen schon Qualität verbürgt und eine
literarisch profunde, tatsächlich interessante Kategorie ist. (»Oh, dieses Buch ist toll, das ist alles wie in
Wirklichkeit.« – »Es gelingt dem Autor, die typischen
Sprechweisen von Ärzten/Pfarrern/Mitarbeitern einer Versicherung perfekt zu imitieren.«) Noch nichts
über Anfänge, Motivgestaltung, gute und schlechte
Szene, kontinuierlichen Aufbau, Immanenz, über
»etwas gut finden«, Brauchbarkeit, die Alchemie
von der Recherche, der zweiten Hand, zum Eigenen, der ersten Hand; nichts, sollte man meinen, über
Haupt- und Nebenschauplätze, Form und Funktion
des Dialogs, das Problem der Zeit, Geschmack und
die Wahl der Waffen. Nichts über das schwierige und
bedeutende Problem der Anmaßung. Nichts über
Radieschenzucht im Zusammenhang mit Politik, die
Rolle des Autors als Mahner (Böll und Grass haben
allerdings schon ganz schön was weggemahnt, Zitat
Dietmar Dath), nichts über Engagement und die komplizierte Kleidungsfrage, denn wir leben immerhin im
Zeitalter der Kameralinsen. Nichts über Poetik. (Ich
setze mich, in der Regel morgens, an den Schreibtisch

und beginne nach unterschiedlichen Zeitspannen des Nachdenkens ein leeres Blatt mit Worten überwiegend aus der deutschen Sprache zu bedecken.) Was ist Schreiben? Manchmal kommt ein Flußpferd vor, manchmal verschiebt jemand eine Zinnvase in dieser Erkundung von Horror und Licht.

[SCHLEHENGIN. EINFALL UND
INSTRUMENTATION. JUSTIERUNGEN.
DARTPFEILE. VOM STREICHELN EINES
STREICHHOLZES. WELTUMSEGLER.]
Weitere Notizen zum Gedicht heute.

1. »Milosz, Brodsky, Walcott, Heaney etc. –, auch da
werden Sie nur in Ausnahmefällen jemanden finden,
mit dem Sie darüber ein paar vernünftige Worte wech-
seln könnten. Wie die arbeiten und worüber, ist für
speziell deutsche Verhältnisse nicht von Belang, unsere Dichter gehen eben von einer spezifisch eigenen
Tradition aus, doch woraus die bestehen soll, darüber
herrscht einige Konfusion.« (Raoul Schrott, »Die Erde
ist blau wie eine Orange«)

2. »… kennen Sie etwa auch nur ein Gedicht, das
nicht nur von des geplagten Poeten Nöten spricht, sondern irgendetwas über Bitterfeld aussagt, oder Schilda,
Obergurgl oder Rostock? Oder überhaupt einen Vers,
den Sie auswendig zu zitieren wüßten?« (ebd.)

3. »Mit einigen Veranstaltern von Lyrikfesten war
mehrmals die Rede darüber, man war allerorten der
Meinung, ein poetischer Disput, eine Diskussion übers
Handwerk und seine Kriterien täten mehr als not – Sie
wissen ja, keiner verlegt und keiner kauft mehr Lyrik,
nur jeder schreibt sie.« (ebd.)

Lieber und verehrter Kollege Raoul Schrott, ich muß widersprechen. Ich bitte die Arbeit zu beachten, die zum Beispiel Jan Wagner als Übersetzer englischsprachiger Lyrik (Kinsella, Tate, Kavanagh und andere) oder Hendrik Jackson aus dem Russischen (Zwetajewa und andere) leisten; ein Dichter mit dem Pseudonym Raul Louper aus dem Okzitanischen, Spanischen und Manischen leistet, Peter Waterhouse aus dem Italienischen, Ilma Rakusa aus dem Französischen und Danilo-Kisischen, Dorothea Grünzweig aus dem Finnischen, Jürgen Brôcan als Überträger Gustaf Sobins und Denise Levertovs, Oskar Pastior als Sach- und Herzenswalter des Krimgotischen. Polemik ist gut, Kenntnis ist besser. Im Gegenteil wage ich zu behaupten, daß es kaum eine Literatur gibt, die sich in puncto Zugänglichmachung fremder Autoren mit der deutschen messen kann.

Zum zweiten Rempler: Eine Zeile (es ist nicht die einzige aus der deutschsprachigen Gegenwartslyrik), die ich auswendig kann (aber wie hier beweisen!), ist diese: »bei schalem bier und / unterwegs vermiss ich kohleöfen, die mir wie früher / heimat spielen. Die chansons der zyankali bar / ha'm schon den mantel an / und's tresenfräulein schminkt sich, bis ihr schatten glänzt« – »Herbst in der stadt« von Crauss. Aber nicht nur eine Zeile, auch ein ganzes Gedicht kann ich auswendig, es ist ebenfalls vom Dichter Crauss und heißt »Der mond über zollstock // ist derselbe wie hier. ick vermisse dir, / du bist das masz aller dinge, die elle, / um die mich die freunde beneiden. nimm meinen langen / schatten unter den arm, wenn im zollstocker eck du nicht / mehr erinnerst, wie das spiel früher ging. / ich & du & dazwischen der mond. Denn / wisse: du bist die ellen, die ich vermisse.«

Man sagt den Kollegen zu selten, daß man sie schätzt.

Hendrik Jackson: »copyright by teich« (großartig) – Daniela Seel: »das verlangen einen kirschkern gespuckt zu haben« – Lutz Seiler: »deine von innen beschlagenen augen« – Monika Rinck: »die unheimliche kinderforscherin / aber tastet sich durch die textilien« – Marion Poschmann: »die Augen mit Fernseh- / schnee belegt, darunter das Grau / weicher Bleistifte eingegraben« – Raoul Schrott: »die grüne glasnaht am flaschen / hals kippt fast mit dem wind / rote stühle blaue das trapez / des tisches zwischen boje und / buchrücken und der arm des / golfes trägt die lichter wie ein / ober das tablett«.

Ad 3: Handwerk. Es stimmt, darüber sollte man sich unterhalten. Tun wir's. Die beste neuere Sestine, die ich kenne, ist von Jan Wagner und heißt »der veteranengarten« (die beste neuere übersetzte ist meiner Meinung nach die »Sestine über einen gelungenen Netzvolley« von Lars Gustafsson). Ich finde Wagners Sestine deshalb so gut, weil es hier zu einer für meinen Geschmack vollkommenen Kongruenz zwischen »Inhalt« und »Form« kommt. Bei der Sestine gibt es zwei Bauformen, eine schwierigere und eine einfachere, für beide gilt, daß das Endwort des Verses einer Strophe zum Endwort des ersten Verses der folgenden Strophe wird, das ganze geht über sechs Strophen (deshalb »Sestine«), in der komplizierteren Form mit folgendem Anordnungsschema: I. Strophe Reime 1-2-3-4-5-6, II. Strophe 6-1-5-2-4-3, III. Strophe 3-6-4-1-2-5, IV. Strophe 5-3-2-6-1-4, V. Strophe 4-5-1-3-6-2, VI. Strophe 2-4-6-5-3-1. (Zu recht interessanten Ergebnissen kommt man, wenn man diese Schemata als Telefonnummern benutzt.) In der einfacheren Spielart (Wagner wählt für sein Gedicht die kompliziertere) erfolgt eine Verschiebung der Reime um eins, also: 1-2-3-4-5-6, 6-1-2-3-4-5 usw. Im sogenannten Geleit werden dann alle sechs Reimworte in der Reihenfolge der ersten Strophe noch einmal wiederholt, und zwar so, daß sich drei in der Mitte und drei am Ende der Verse befinden. Versmaß ist der Endecasillabo (Elfsilber), im Deutschen meist als fünfhebiger Auftakter (Jambus – »Gedichte können Männerherzen brechen«), den wir auch vom Dramen-Blankvers oder als Sonettbaustein kennen. Die Sestine ist also eine komplizierte Form, in der Komplexität der angewandten Mittel vielleicht nur vom mittelalterlichen Leich, den verschiedenen Meistersingerweisen und vom Sonettkranz übertroffen. Das Thema, das

man in eine derartige Form faßt, wird ein grundsätzliches sein – und dann entweder parodistischer Umgang mit dem engen Normenkorsett, absichtlich und
dezidiert alltäglich gehaltene Stoffwahl (Gustafsson),
oder strenges Exerzitium innerhalb der Strenge, wie es
Wagner macht (der es aber trotzdem schafft, humoristische Lichter aufzustecken). Ich darf hier erneut eine
Sünde begehen und den »Inhalt« eines Gedichts andeuten: Wagner beschreibt in seiner Sestine den »veteranengarten« im Summerhouse des Royal Hospital,
London, das als Alterssitz und Pflegeheim für Pensionäre der britischen Armee dient; sommers tragen
sie eine scharlachrote Uniform mit Orden und einen
schwarzen, goldbetreßten Dreispitz, winters eine
blaue Uniform. Das Gedicht beginnt ruhig, so wie die
Atmosphäre ist im schönen Chelsea mit den Ranelagh
Gardens und der »Flower Show« und der Themse,
»die veteranen wachsen aus dem gras / empor in ihren ehrenuniformen«; dann aber, nach dem »Setting«,
mischt Wagner den Mythos von Jasons Drachenzähnen aus dem Argonautenstoff hinzu, streut Schach-
Motive mit leichter Feder ein. Zu beobachten, wie
diese Veteranen vom »matt- / erhorn ihrer erinnerung«
allmählich in die Mythen rücken, Zug um Zug, unter
der Hand eines Schachmeisters, dessen Spiel so elegant
ist, daß es, contradictio in adjecto, doch nicht kopflastig wird, wie also jene pensionierten Argonauten
ins Abseits wandern, »bis der könig bleibt zurück in

seinem matt«, das ist eine große Kunst und damit ein Vergnügen. Aber lesen Sie selbst.

Handwerk im engeren Sinn ist die Beherrschung der tradierten Formen. Der Handwerker weiß, was »richtig« und was »falsch« ist, die Jamben laufen wie am Schnürchen, kleine Reibungen kostenlos inbegriffen; er weiß, wann der Durchschnittsleser müde wird, wann der Durchschnittskritiker die Brauen hebt, und biegt ab, bevor es gefährlich werden könnte. Er operiert mit Großbegriffen, mit Reizworten, die für den nach meiner Meinung vom Dichter erst zu erzeugenden Raum stehen. Dieses Verfahren: den bloßen Reiz für das, was für Reize die Grundlage ist, zu setzen, führt zu einem Kunstsurrogat, einer Surrogatkunst. Nach dem Prinzip »Reizwort-Setzung« funktionieren dpa-Meldungen, aber keine Lyrik, die ich als eine gelungene bezeichnen würde. Das ist Journalistik, Mitschriften eines Krisenreporters, der es gewohnt ist, der schnellen, dem zuckenden Nachrichtenfleisch entfetzten Wirkung wegen ebenso mit Reizworten zu operieren. Doch ehe man das Wort, den Begriff im Gedicht gebraucht, sollte man dessen Welt zu evozieren sich bemühen; zumindest sollte man sie mitliefern, sonst bleibt das bloße Behauptungsrhetorik, rhythmisiertes Feuilleton, indem es feststellt, nicht darstellt, indem es zwar redet, aber nicht spricht.

Handwerk im weiteren Sinn ist die Fähigkeit, einem

Stoff (dieser Terminus sei mir hier auch für die Lyrik
gestattet) die ihm angemessene, und das heißt: nur so
und nicht anders mögliche, Form zu geben. Der heutigen Faserzeit mit ihren Schnittstellen, Kopplungen,
Benutzeroberflächen, Bit-Streams, Suchmaschinen,
alles vernetzt und verlinkt durch Breitband-Glasfaser-
kabel und den Dow-Jones-Index, wird man mit So-
netten nicht mehr gerecht. Wie aber dann? Wie braue
ich aus der gewöhnlichen Schlehe ungewöhnlichen
Schlehengin, »bitter und verläßlich«, wie Seamus Heaney sein gleichnamiges Gedicht enden läßt, das, nebenbei, eine subtile Wägung von Monarchie und Alltag enthält? Wie ist es möglich, der schwammigen
Epoche, in der wir leben, die vibrierende Genauigkeit
von Haiku, etwa Onitsuras »Oh diese Schwüle! / Auf
den sommerlichen Bäumen / hängen heiß die Spinnennetze« zu bewahren, ohne anachronistisch zu dichten?
(»Heiß« und »Spinnennetze«, das läßt nicht los, und
man fragt sich, warum, bis man entdeckt, daß Hitze
Körper benötigt – den Spinnennetze aber nicht haben.) Gibt es überhaupt eine anachronistische Dichtung, und ist es womöglich eine Mode, ein Irrtum unserer Zeit, Dichtung, die niemals schnellebig sein kann,
weil sie sonst keine Dichtung ist, auf der »Höhe der
Zeit« zu fordern? Vielleicht beweist gerade in diesem
Moment ein Dichter, daß Sonette wie keine zweite
Form geeignet sind, die Gegenwart zu erfassen, wer
weiß? (Ann Cotten, »Fremdwörterbuchsonette«.)

Wie der Roman alle Erzählmöglichkeiten in sich aufnehmen kann, so kann das Epos alle lyrischen Möglichkeiten in sich aufnehmen. Charakteristisch für unsere Zeit scheint mir zu sein, daß sie, in den Künsten,
in den Diskursen, Archivsichtung betreibt, Standortbestimmung, Revue und Prüfung des Vorhandenen
auf der Suche nach neuen Ufern in oft befahrenen
Meeren. Und die scheinbar ausgekarteten Meere haben doch noch Neues zu bieten, das den Kulturpessi-
mismus Lügen straft. Natürlich ist das Neue das neu
gesehene Alte, aber das war noch nie anders. Erotik
spielt heute eine Rolle wie je, es gilt aber, sie für die
Lyrik zurückzugewinnen, besonders für die deutschsprachige, die einmal reich an Liebesgedichten war,
auch an purem Sex, im übrigen, noch mit Rilke hat die
deutsche Lyrik erst tiefe Blicke und dann weiteres ge-
tauscht. Später kam sie dann etwas aufs trockene (und
mit Raoul Schrott viel in »Hotels«; ich liebe diesen
Gedichtband, diese Grand Tour im Morgenlicht).
Überschüttet mit Knalleffekten, wie wir durch die
Allgegenwart des Fernsehens heute sind, überreizt
von Dauerfeuerwerken und Strohfeuern, haben wir
die Kunst verlernt, das Streichholz zu streicheln. Aber
ich bin da optimistisch. Totgesagte leben länger; heute
sind das Liebe und Gott. Es entstehen wieder religiöse
Gedichte (Christian Lehnert) in der uralten Tradition,
die ich nicht nur vom Kirchenlied des protestantischen
Gemeindegesangs der Lutherzeit, später dann Paul

Gerhardts und der Pietisten an datieren, sondern mit Texten wie den »muspilli« aus dem 9. Jahrhundert, dem Wessobrunner Gebet, den Marienliedern des Hochmittelalters verbinden möchte; es gibt, wenn auch sehr versteckt, wieder »Tagelieder« und Minnesang (Grünbeins »Alba«, HC Artmann, Oswald Egger); halbvergessene Gedichtformen tauchen wieder auf (»Villanella und Pantum«: Oskar Pastior, Ulrike Draesners Villanelle zum 11. September 2001, Jan Wagners »herbstvillanelle«), Sonettkränze, Krönung, weil gewissermaßen der »Fünfzehnkampf« der Dichtkunst (Nicolai Kobus, Christian Lehnert). Ulf Stolterfoht erstellt einen Katalog diverser Fachsprachen, und das mit Lust und Laune. Auffällig ist die starke Wendung zum Erzählerischen in der heute geschriebenen Lyrik. Auch das ist nicht neu – das Goethesche Erlebnisgedicht oder, um eine ganze Kategorie zu nennen, die Ballade, im Persischen die Kaside, die Mo'allakat oder die sonderbare Lyrik-/Prosa-Mischform der Makame, die etwa bei al-Hariri wie frühzeitlicher Rap anmutet, die antiken Epen von Homer, Hesiod, Apollonios Rhodios bis hin zu Properz, Pindar und Vergil erzählen, und aus den Epen vom Homerischen Typus hat sich der Roman entwickelt. Epen haben mich schon als Jungen gereizt; ich erinnere mich, wie ich heiße Sommertage, mit gefesselten Sinnen den »Beowulf«, die »Ilias«, die Nibelungensaga lesend, auf dem Dachboden der »Karavelle« verbrachte, dem Haus

meiner Kindheit im »Turm« über Dresden, wie ich die
herrlich illustrierten Ausgaben der »Kalevala« und der
»Edda« verschlang und mich das »-kra« von Odins
Raben bis in die Träume verfolgte. Den »Rasenden
Roland« oder bestimmte Teile des »befreiten Jerusa-
lem« las ich als Abenteuerbücher, die Versmelodie
störte mich dabei nicht. Das »Ik gihorta dat seggen«,
mit dem das »Hildebrandlied« anhebt, ist mir, seitdem
ich es in einem längst verschollenen Lesebuch für die
Polytechnischen Oberschulen der DDR las, nie wieder
aus dem Sinn gegangen, ebensowenig die Basalthärte
der »Edda«-Verse. Manchmal trabte ich, wenn ich von
der Schule nach Hause kam, mit dem Beginn des »Ni-
belungenlieds« auf den Lippen, ich kann es heute noch
wie damals, als uns Jungens der Sinn danach stand,
gegen Zwergenkönige zu ziehen, die Abenteuer Sieg-
frieds und Hagens nachzuerleben: »Uns ist in alten
mæren / wunders vil geseit / von helden lobebæren,
von grôzer arebeit, / von fröuden, hôchgezîten, von
weinen und von klagen / von küener recken strîten
muget ír nu wunder hœren sagen«. Die Nibelungen-
strophe und die Qualität ihres »Grooves« ist für mich
immer noch unschlagbar, das ist stärkeres Dope als der
beste Hiphop. Ich begann ein Auge auf die sonderbare
Gattung zu haben, die in der Antike ihre Höhepunkte
hatte und dann sich über die Nationalliteraturen aus-
zweigte, selten wurde, aber nie ganz verschwand,
selbst dann nicht, als ihr Kind, der Roman, seinen po-

pulären Siegeszug angetreten hatte, der bis heute an-
hält und andere Literaturgattungen, wenn man von
der Short Story absieht, die im englischen Sprachraum
hohe Wertschätzung genießt, marginalisiert hat. »Gil-
gamesh«-Epos (mit dem, soweit wir wissen, die Literatur überhaupt beginnt), Homer, Vergil, Nonnos,
Hesiod, Rhodios, »Edda«, »Kalevala«, das indische
»Mahabharata«, »Beowulf«, »Nibelungenlied«, Dante,
das »Igorlied«, Miltons »Paradise lost«, der »Cid«, die
orientalischen Blüten der Gattung vom »Bostan« und
»Gulistan« Sa'adis bis zum »Iskandar-Nameh« Niza-
mis, dem »Schah-Nameh« Firdusis und anderen »Di-
vanen«; Ariost und Tasso, Gongoras »Soledades«, der
»Faust«, den ich zum Epos rechne, nicht zum Drama,
die neueren Werke: Däublers »Nordlicht«, Whitman,
Odysseas Elytis, Saint John Perse: ich hielt sie wert
und nah am Herzen. Das Epos schien mir vieles leisten
zu können, was von demjenigen Dichter, der sich
heute unterfängt, seine Zeit total im Gedicht zu gestalten, gefordert wird: Wechsel der Techniken, Polypho-
nie der Stimmführung, ausgefeilte Kontrapunktik,
rhythmische Groß- und Mikro-Planung, Einschmel-
zung diversester Materien. Das war Musik, und so begann ich mich für Partituren zu interessieren, las, welche Gedanken sich etwa Strauss, Lutosławski, Berg,
Rihm zur Organisation des musikalischen Materials
gemacht hatten, studierte die Architektonik ihrer Partituren, die Stimmführung, die Organisation der Ton-

werte, der Tonhöhe, der Dynamik. Ich suchte weiter,
fand Paulus Böhmer, der mir allerdings wahllos vor-
zugehen schien, weil er alles in eine Text-Moulinette
steckte und dann, statt tatsächlich zu komponieren,
einfach auf den Mixerknopf drückte und das Ganze in
einem Assoziations-Strudel untergehen ließ; ich fand
Derek Walcotts »Omeros«, eine moderne, eine
»schwarze« Odyssee der Westindischen Inseln, fand
Inger Christensens »alfabet« und »det« (»das«); ich
begann, das Epos für mich zu modernisieren, indem
ich begann, den »Nautilus« zu schreiben. Ich begegnete den Vers-Abenteuern meiner Kindheit in Les
Murrays »Fredy Neptune« wieder, das mir auf Werke,
wie das 21. Jahrhundert sie hervorbringen könnte, zu
deuten scheint. Es ist möglich, daß der Roman sich,
jedenfalls in einzelnen »avantgardistischen«, sprich:
Vorausexemplaren, wieder zum Epos zurückneigt; die
Prosa von Autoren wie Antonio Lobo Antunes,
Claude Simon scheint mir ein Indiz dafür zu sein.

Epos: die adäquate Form, unserer Zeit und Welt im
Weltentwurf zu begegnen, da es – von den lyrischen
Ausdrucksweisen – allein in der Lage ist, viele wider-
streitende Stimmen, indem es sie als Teil eines größeren Ganzen und das Ganze somit als Partitur behandelt, in einer Komposition zu harmonisieren. Das
kurze Gedicht zeigt Weltausschnitt, nicht Welttotale.
Es suggeriert eine Abgeschlossenheit, die nirgends zu
entdecken ist. Man kann es, seiner Intention nach, als

klassisch verstehen. Das soll kein Qualitätsurteil sein
oder die Daseinsberechtigung des kurzen Gedichts in
Frage stellen – nur scheint es mir allzu häufig auf eine
Pointe zuzulaufen: als wären die vorangehenden Zeilen nur dazu da, den Schwenk ins (nicht selten allzu
erwartbare) Unerwartete vorzubereiten. Unsere Welt
aber ist pointenlos, weil im Fluß (das allerdings könnte
die Pointe sein). Sie trägt, in der Wiederkehr der Ur-
altthemen Krieg, Vertreibung, Wechsel der Werte, Unsicherheit, Bedrohung, Jagd nach Glück und Geld (das
geprägte Freiheit ist), in der Wiederkehr einer Mär-
chenmechanik des Alltags, romantische, wenn nicht
archaische Züge. Moderne Dichtung wird archaisch,
weil gegenwartsgesättigt. Der moderne Dichter, wie
ich ihn verstehe, ist wieder Dom-Baumeister; er ist damit, wie diejenigen, die sich aufmachten, Kap Hoorn
zu umsegeln oder einen Seeweg nach Indien zu finden, zwangsläufig pathetisch – was er in Kauf nehmen kann, wenn es ihm gelingt, die grundlegenden
menschlichen Empfindungen wieder zu gestalten. Er
öffnet sich dem Leiden und der Freude wieder, der
Hingabe; auch wird er im Grunde ein Hoffender sein
und damit auf der Seite des wilden, zuckenden, melo-
dramatischen, kitschigen, kraftvollen Lebens stehen.
Er hat genug von den Trockenschwimmübungen der
Theoretiker und postmoderner Lauheit, die zwar un-
pathetisch und ironisch gebrochen ist, aber müde, und
die niemanden wirklich bewegt. Dante, einer der Ad-

mirale der Ozeanfahrerflotte, ist der große Vor-Fahre, die »Divina Commedia« sein Admiralspatent. Der Nach-Fahre wird recht unbeeindruckt Entwicklung in der Kunst für eine Schimäre halten – da Entwicklung beim Menschen nur ablesbar ist am Fortschritt beispielsweise der Rasierapparate (die die gleichen Schurkenkinne glätten). Wir haben Fernsehen, aber immer noch keine Moral. Der Nach-Fahre wird sich nicht durch »Deutschland sucht den Superstar« davon abhalten lassen, seine Zeit unmittelbar zu Gott zu stellen und verschiedene Angelegenheiten als noch immer unerledigt zu betrachten. Sein Humor – der der Seefahrer: trocken.

[MORGENLÄNDISCHES TAGEBUCH]

Ankunft früh 7.15 Uhr Stazione St. Lucia via Nacht-
zug von München. Mit Erkältung und verschlepptem
bronchialen Katarrh schlaflos nachts. Zwei staubige
Palmen am Ende des Bahnsteigs. Deponierten die
Koffer im Bahnhof und machten uns auf zum ersten
Stadtbummel. Prima vista Venezia. Rufe, Fremdland,
schwirrendes Licht. Die Häuser viel zarter, fragiler,
entschwerter, als in den Filmen und Büchern, die ich
kenne, behauptet. Seidiges Licht, feinstofflich, die
Sonne schon früh von gefährlicher Kraft. Gingen durch
Cannaregio, wo wir eine Appartement-Wohnung,
Cannaregio 1119, im Ghetto Vecchio, gemietet hatten.
Byzanzgrün bezogene Betten, nach Seegras duftende
Matratzen, blinkende Luft. Unter unserem Fenster ein
Kosher-Restaurant. Vorherrschende Geräusche sind
Stimmen, Vogelrufe, Schritte. Langsameres Allge-
mein-Tempo, vom Rhythmus des Gehens bestimmt.
Pudrige, wie ausgesiebt wirkende, dennoch kräftige
Farben, Rostrot, Pampelmusengelb, Ocker, Mauve,
Gel-Grün der Kanäle. Sahen den Zitterschatten
eines gelben U-Boots namens »Zackenbarsch« und
die weißbestrumpfte Wade eines Admirals, dessen
Schnallenschuh im Dunkel einer Gasse einen Fußball
stoppte, der über eine Schulhofmauer geflogen war.
Dachte an Brentanos Wunderverse: »Wenn der lahme
Weber träumt, er webe, / Träumt die kranke Lerche

auch, sie schwebe, / Träumt die stumme Nachtigall, sie singe, / Daß das Herz des Widerhalls zerspringe, / Träumt das blinde Huhn, es zähl' die Kerne, / Und, der drei je zählte kaum, die Sterne, / Träumt das starre Erz, gar linde tau' es, / Und das Eisenherz, ein Kind vertrau' es, / Träumt die taube Nüchternheit, sie lausche, / Wie der Traube Schüchternheit berausche ...« Nachduftende Klänge. Ich murmele die Verse, wir streifen durch die Gassen, die aus dem weichen, nachgiebigen Material der Träume sind. Pittoreske Farbigkeit, abenteuerlicher Ort. Morgen-Venedig und Abend-Venedig. Das Meer hat die Linien zu Melodien geschliffen. Es ist Menschenzeit hier, keine Uhrenzeit. Levantis. Ausblicke nach draußen, in eine Ferne, die sich schon längst im Inneren befindet.

Eichendorff. Fragmente, die aus der Kindheit herüberklingen. »... triffst du nur das Zauberwort«, »Schweigt der Menschen laute Lust«, »Dämmrung will die Flügel spreiten, / schaurig rühren sich die Bäume / Wolken ziehn wie schwere Träume«, und dann jener Namenszug der Poesie: »In einem kühlen Grunde, da geht ein Mühlenrad« ... Waldweben und Posthornklang, »O Täler weit o Höhen«, »Eine Hochzeit fährt da unten / auf dem Rhein im Sonnenscheine. / Musikanten spielen munter, / und die schöne Braut die weinet«, Schloß Dürande und Raketen, die über einem südlichen Garten steigen, »und es war alles, alles gut«. Hier tritt der Mensch in seinen Geheimniszustand, diese Poesie will nicht nach außen, sondern ist ein Spiegel, der Treppen nach innen öffnet. Mirakel deutscher Poesie, jene von Schumann sternsilberzart vertonte »Mondnacht«: »Es war als hätt der Himmel / die Erde still geküßt, / daß sie im Blütenschimmer / von ihm nun träumen müßt. // Der Wind ging durch die Felder, / die Ähren wogten sacht, / es rauschten leis die Wälder, / so sternklar war die Nacht. // Und meine Seele spannte / weit ihre Flügel aus, / flog durch die stillen Lande / als flöge sie nach Haus.« Ich brauche das nicht aus einem Buch abzuschreiben. Als flöge sie nach Haus. Spotten Sie ruhig, kalter Kritiker, diese Verse werden sein, wenn Sie schon Staub sind.

Als flöge sie nach Haus … Venedig ist ein Fragment, im großen wie im kleinen; zernagte Inseln und die Putzreste auf den leprösen Mauern; manche wirken wie Kamelfelle. Drückende Hitze. Meer-Byzanz, eine grüne Schallplatte dreht sich leer unter den Abtastarmen der Brücken. Die Lockerheit und Lichtheit der Wasserfahrten mit Motoscafo und Vaporetto. Der Lido, am Hotel des Bains, mondän, schlummerig, mediterrane Palmen- und Sukkulenten-Welt, wo die Salons der Grandhotels dünen, mit Thomas Manns Zigarrenasche und mit Grammophongold bepudert, sachkundig über Jahrhunderte aufgekauftem Licht.

Mörike. Scheinbar ein Hagestolz mit Schlafrock und Zipfelmütze, aber das ist der Haus- und Kräutergarten-Mörike, der Sudmeister der Essigbouteillen, der Pfarrer und Idylliker im schwäbischen Winkel. Darunter aber war einer, der Verse geschrieben hat, wie sie alle hundert Jahre vorkommen, und jetzt vielleicht nicht mehr. Ein Volldichter, er hat alles gekonnt. Bei ihm gibt es Entrückungen, wie ich sie von keinem anderen kenne. »Du bist Orplid, mein Land, das ferne leuchtet ...« und das kongenial von Hugo Wolf vertonte »Gelassen stieg die Nacht ans Land, / Lehnt träumend an der Berge Wand, / Ihr Auge sieht die goldne Waage nun / Der Zeit in gleichen Schalen stille ruhn; / Und kecker rauschen die Quellen hervor, / Sie singen der Mutter, der Nacht, ins Ohr / Vom Tage / Vom heute gewesenen Tage«. Wenn Poesie das Abwesende ist, dann reicht Mörike manchmal bis an dessen Grenze: »Nur fast so wie im Traum ist mirs geschehen, / Daß ich in dies geliebte Tal verirrt. / Kein Wunder ist, was meine Augen sehen, / Doch schwankt der Boden, Luft und Staude schwirrt [hier geht's los, die Staude schwirrt, mindere Dichter hätten das mit »Luft und Blume schwirrt« verdorben] / Aus tausend grünen Spiegeln scheint zu gehen / Vergangne Zeit, die lächelnd mich verwirrt«, da bricht etwas auf, ein dunkelblauer Abendhimmel, an dem auf einmal Bewegungen sind, orangefarbene Strömungen, feine Risse in der Stunde, Auffächerndes, es ist etwas dahinter, das sich ankündigt, aber bedrohlich ist es nicht: weites Land.

Zeit. Es gibt gute und böse Riesenuhren. Unter diesen Häusern schlägt die Künstliche Sonne, geschaffen von Marodeuren, Navigatoren, Kokotten und Zirkelschmieden. Manchmal rasselt das Gangwerk, knarren Zahnräder unter den Brücken, sirren Spindeln in Fenstern, die sich öffnen. Eine Uhr, mit der einst nicht zu spaßen war, jetzt aber ist das Kriegerische abgeschmolzen, die Konstrukteure und Freibeuter sind pensioniert, hocken in der Tortuga-Bar und murmeln versunkene Schätze herbei. Eingelegt mit farbigen Mosaiken, schwimmen die Stunden. Sie tragen keine abstrakten Bezeichnungen wie »ein Uhr«, »zwei Uhr« usw., sondern kommen Lebewesen gleich: Wenn der Mittagslöwe schon über den Zenit gerutscht ist, herrscht die Fisch-Stunde, so leicht und schleiernd zieht sie vorbei. Das Emblem Spiegel ist gar nicht so wichtig hier, will mir scheinen. Es wird ja nicht nur abgebildet, sondern mit Gegenentwürfen verwirrt: Das morgenländisch zarte Venedig der frühen Stunden ist gänzlich anders als das schwerrote, von Erinnerungen herabgezogene, magnetische Abend-Venedig. Auch die Menschen sind jeweils andere. Die schwarze Katze, die eben vorüberstrich, ist vielleicht der Schatten der zimtfarbenen?

Und dennoch: die grünen Spiegel der Kanäle. Sie wirken sauberer als erwartet, apfelgrün und jade. Darüber wandern die Zimmer am glitzernden Ankerseil des Lichts. Der Canale Grande bewässert die Kreuzblumen an den Palazzi. Antennengewirre, Stopfpilze auf den Dächern. Die spitzen Zähne von Barrakudas. Die Motorboote haben dem Traum nichts an. Sie kreisen ihn ein, sie putzen sein Licht. Abends ist die Stadt ein Füllfederhalter, gefüllt mit dunkelblauer Tinte, schreibt Selbstgespräche auf. Hier, wo nur die Bäume an den Wolken kratzen.

Unterschätzte und vergessene Meister. Georg von der Vring. Hans Carossa. Theodor Kramer. »An der Weser, Unterweser, / Wirst du wieder sein wie einst«, und ich höre die Sirenen der Schlepper und Lotsenboote, sehe die Schiffe in der Nacht, wie sie dem Meer zutreiben mit ihren Lichtern. Ich lese von der Vrings Gedicht »Kinderschiffe«: »Steht der Mond als Wasserzeichen / Wie auf zart getöntem Blatt, / Spiegeln sich an Mondes Statt / Kinderschiffe in den Teichen. // Abendwind kommt auf und legt sie, / Kleine Segel sind genäßt. / Noch die Dämmerung bewegt sie, / Wie die Knabenhand sie läßt« [...]. Das ist einfach wie ein Volkslied und rührt mich. Ein rührendes, ein zartes Gedicht, das ich liebe. Wer weiß, was Sehnsucht ist, wird mich verstehen.

Weser, Unterweser, ihr Wellenschlag bis hierher. Wir sehen Santa Maria della Salute, die Kuppeln sind wie die hochstehenden Brüste einer stillenden Frau. Scherenschnitt-Silhouette, als wir auf dem Vaporetto vorüberfahren. Zarte Abschiede, allmählich verblassendes Licht. Wie Tüllvorhänge, die hintereinander aufgezogen werden und Feinlage um Feinlage Bilder freigeben – aber hinter dem letzten … Hier, wo Morgenlands Rohstoffhafen handelt, und der Traum jeden Tag aufs neue beginnt.

Inhalt

der Wanderung einer Abtastnadel ins Innere
einer Schallplatte. Findet sie dort Wahrheit?
Denn die Musik ist verklungen, wenn der
Saphir im Leeren vor dem Etikett pulst.
Unterbestimmte Figuren, die sich im Raum eines
Kontexts bewegen und durch diesen konfiguriert
werden. Raum bestimmt Zeit. Entwicklung.
Zeit bestimmt Figur. Das Schwarze (al-Keme):
Alchemie. Sprach-Nil, wir sind in Ägypten, denn
was wird ent-wickelt? Über Voraussetzungen.
Rand und Weiße Flecken. Wie man den
Grenzen entkommt. (Und: Ist das sinnvoll?)
Was soll »Sinn« in dem, was man als Figuren-
Arena bezeichnen kann? Psychologie und
Terror. Maßstab und Vergleich. Operation,
hörverbessernd. Sieb & Mischung. Anfänge.

Die Leipziger Poetikvorlesungen fanden zum ersten Mal am 31. Oktober 2007 im Festsaal des Alten Leipziger Rathauses statt. Die Vorlesungsreihe, bei der es sich um eine Gemeinschaftsveranstaltung des Deutschen Literaturinstituts der Universität Leipzig und der Kulturstiftung des Freistaates Sachsen handelt, wird im jährlichen Rhythmus fortgeführt. Als Verlagsstadt, Ort der Leipziger Buchmesse, Sitz des Deutschen Literaturinstituts und Lebensmittelpunkt zahlreicher Autoren gehört die Stadt Leipzig zu einem der wichtigsten Zentren der deutschen Gegenwartsliteratur.

Die Leipziger Poetikvorlesungen laden bedeutende Gegenwartsautoren ein, ihre Schreib- und Arbeitsweisen vorzustellen und Einblick in ihre Poetik zu geben.